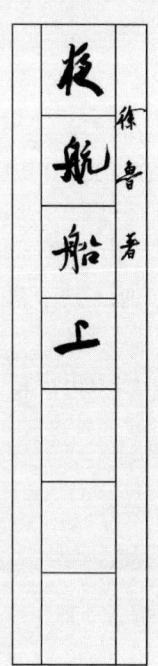

夜航船上

徐鲁 著

文汇出版社

图书在版编目(CIP)数据

夜航船上 / 徐鲁著. —— 上海：文汇出版社，2017.7
(开卷书坊. 第六辑)
ISBN 978-7-5496-2120-0

Ⅰ. ①夜… Ⅱ. ①徐… Ⅲ. ①散文集－中国－当代 Ⅳ. ①I267

中国版本图书馆 CIP 数据核字(2017)第 120905 号

夜航船上

作　　者 /	徐　鲁
策　　划 /	宁孜勤
主　　编 /	董宁文
责任编辑 /	鲍广丽
装帧设计 /	观止堂＿未　氓
出 版 人 /	桂国强
出版发行 /	文汇出版社

上海市威海路 755 号
(邮政编码 200041)

经　　销 /	全国新华书店
照　　排 /	南京理工大学资产经营有限公司
印　　刷 /	上海宝山译文印刷厂
版　　次 /	2017 年 8 月第 1 版
印　　次 /	2017 年 8 月第 1 次印刷
开　　本 /	880×1230　1/32
字　　数 /	174 千
印　　张 /	8.375

ISBN 978-7-5496-2120-0
定　　价 / 38.00 元

自　序

"书似青山常乱叠，灯如红豆最相思。"据说这是清代大学者纪晓岚书斋的一副联语，写得真美。董桥先生曾经化用此联上半句，形容那些书册丰盈的书房说："天下青山都是一簇簇乱叠起来的，整齐了反而减了妩媚。"是这样的。一册文集，尤其是读书散文和杂感集的编选，似也应如青山乱叠一般才好看。我们看民国时期的一些散文集子，如鲁迅、周作人的各种自编文集，甚至后来的如巴金先生的五册《随想录》，孙犁先生晚年的十册耕堂劫后散文，一集之内，杂花生树，各类文体，真是应有尽有，何其丰盈多姿。

我辈作文印书，虽有追慕前贤之心，却终究难免拘谨单调，实则缺少吐言为珠玑、撒豆即成兵的真本事，结果一册文字编讫，也只能如民国时期文人们常用的一个词所形容的那样"杂格咙咚"了。说来也怪，人过中年，不仅越来越喜欢阅读一些"杂格咙咚"的戋戋小册，同时也不知不觉，笔下的文字变得越来越"杂格咙咚"了。自然，写着此类文字，编印此类闲书，也难脱鲁迅先生所嘲的"虽生之日，犹死之年"的状态。之所以还不揣谫陋，付以梨枣，无非还是敝帚自珍的虚荣心理在作怪吧？

此册小集出版，端赖子聪先生不弃，仍然纳入"开卷"书系，并亲自代为联络和处置出版事务。君子之谊，我自当珍惜。文汇出版社编辑鲍广丽女士，亦为心仪有年的交友，今又通过这册小书再结文缘，不胜欣悦，一并致谢。

至于书名"夜航船上"，原与书中文字没有多少关联。一则我甚喜明末文人张岱的那部据说已经失传的《夜航船集》的书名；二则从一本书上记住了《夜航船集》幸存下来的序文里的一段小故事：

有个年轻的秀才，自以为肚子里有点墨水，有一天，在一艘夜航船上，多占了同船过渡的身边乡人的一些空间。正好有位老和尚也从岸上挤上船来，局促地跟那些胆怯的乡人缩在一起。年轻秀才却独占了多人的位置。老和尚实在看不下去了，就问秀才："请教一下，'澹台灭明'是一个人还是两个人？"秀才颇为不屑地回答说："没看见是四个字吗？当然是两个人！""哦，四个字就是两个人，那么，'孔孟'自然就是一个人喽?"老和尚又问。"那还用说?两个字怎么会是两个人!"秀才答道。这时候,老和尚微笑着把自己一直蜷缩着的双脚,毫不客气地伸到了秀才那边,说:"如此看来,且待小僧伸伸脚吧!"

是为序。

写于二〇一六年农历立冬之日

目 录

秋到江南怀恩师
　　——纪念徐迟先生百年诞辰 ………………………………… 1
忆徐迟老师
　　——兼谈徐迟先生对湖北的贡献 ……………………………… 5
完成的和未完成的 …………………………………………… 10
灵芝与牡丹
　　——纪念恩师徐迟先生 ………………………………………… 14
"解放是荣耀的"
　　——徐迟"二战"题材译作略述 ……………………………… 22
君子之风 ……………………………………………………… 30
"雅命三种,皆不敢承" ……………………………………… 33
崖边听笛人 …………………………………………………… 36
红石竹花 ……………………………………………………… 40
激活与贯通 …………………………………………………… 44
慢慢读,欣赏啊! ……………………………………………… 49
七月书旅 ……………………………………………………… 54
故乡文脉的守护者
　　——《韩乃桂文集》序言 ……………………………………… 58

芦苇的风骨

　　——赵丽宏散文谈片 …………………………… 64

心灵的芦笛 ………………………………………… 69

朗吟飞过洞庭去 …………………………………… 73

遥想当年，雪夜船上 ……………………………… 77

客子光阴书卷里 …………………………………… 81

小的是美好的 ……………………………………… 84

与小出版社共舞 …………………………………… 87

半是诠释，半是谋杀 ……………………………… 89

三联书店的味道 …………………………………… 94

金蔷薇的秘密 ……………………………………… 97

"我本楚狂人"

　　——《熊召政研究文选》编选后记 …………… 100

熊召政和他的作品 ………………………………… 103

读《韦庐文集》记 ………………………………… 108

独守千年纸上尘 …………………………………… 113

散发着稻花气息的散文 …………………………… 118

序《落英》 ………………………………………… 120

心灵的清音 ………………………………………… 125

出版人的文化理想 ………………………………… 127

池塘边的树在等待雨滴醒来 ……………………… 132

面对桑梓故土,文学何为?……………………… 137

序《我与兰花约》………………………………… 144

《诸子百家故事》小引……………………………… 149

《译林》的"国际范儿"…………………………… 152

《读者》伴我三十年……………………………… 155

致《点滴》编者…………………………………… 158

我心目中的好副刊………………………………… 160

二十年来读与写…………………………………… 163

从高原到高峰
——《文艺报》儿童文学评论专版四百期感言……… 165

文化盛世中的"一小步"…………………………… 168

"手抄本"的年代………………………………… 170

致"长江读书节"………………………………… 174

善待母语,敬爱母语
——写给大学新生们………………………… 175

从"新潮儿童文学丛书"说起…………………… 180

汉剧往事…………………………………………… 186

幕阜山风情录……………………………………… 200

万壑松风入梦来
　　——水墨画家丁竹君印象记················· 220
笔尖寒树瘦，墨淡野云轻
　　——观宁文写意画随记················· 225
冷静与炽热························· 228
身同云虚无，心与溪清澄················· 233
《镜中之人》前言······················ 236
一万种夜莺的声音····················· 239
这个世界能变好吗？···················· 246
让我慢下来························· 249

　　一筐落叶（代后记）·················· 252

秋到江南怀恩师
——纪念徐迟先生百年诞辰

在恩师徐迟先生晚年，我有幸能追随左右，充当了他的一名"小喽啰"，就像二十世纪三十年代，他追随在诗人戴望舒左右；四十年代里，他追随在郭沫若身边一样。无论是在作文还是在做人方面，我都深受其惠，接受了徐老许多潜移默化的影响。

举几个细小的例子来说吧。有一年，一份名为《中外交流》的画报，约我写一篇关于徐老的文章。文章发表了，版面安排得颇为阔气，我兴冲冲地拿给徐老看，没想到，他老人家一看到我用的标题《绝顶上的灵芝》，就做出了一个夸张的惊讶的表情。我马上意识到，这个标题有问题了。"绝顶上的灵芝"这个比喻，原本是徐老赞美数学家陈景润破解的那个著名的哥德巴赫猜想难题的句子,我借来比喻了徐老在文学创作上所达到的高度。我认为这并不夸张,而且也能传达出我的景仰之意。可是几天后,徐老对我说,文章没有问题,但是这个标题,让他感到了不安。他告诉我,他以前写文章,总喜欢追求"崇高美学"和"史诗风格",但是到了现在,却觉得"平实之美"也很动人。这件小事,让我感受到了徐老为人谦虚和低调的一面。他其实并非像许多人所说的那样一味地恃才傲物、目空一切。

追随在徐老身边的日子里,承蒙他老人家信任,让我为他代笔,写过好几篇他无法推辞的序跋和报刊约稿,其中有为《中国出版》杂志写的《传记文学的新收获》,为山东省出版的一部反映当代科学家生活的报告文学集写的序言,等等。记得还为《文学报》写过一篇纪念抗战胜利的文章。这些文章得到了徐老的首肯,但是也被他抓住把柄,严肃地"训"过两次。一次是我在文章里把"臧否人物"写成了"藏否人物"。他说:"这说明,你的语言文字还没有过关。"他告诫我说,好文章首先要过最基本的文字关,然后才能谈得上风格、风骨和思想高度之类。还有一次,我在一篇文章中附庸风雅地引用了一两句英文原文,却写掉了两个字母。徐老说:"这就好比你写汉字时少写了几个笔画,这是会贻笑大方的!你的英文水平,根本不需要引述什么英文原文,而应该学会'藏拙',学会扬长避短。"这两次"出洋相"的教训,特别是徐老就此对我的谆谆教诲,可以说使我终身难忘。

"七月派"诗人朱健在他的《潇园随笔》里,写到了他与徐迟先生之间的一件小事，我觉得从中也可见出徐老的品格。一九五五年夏天，朱健因为胡风事件被捕入狱。一年之后，疾风骤雨式的群众运动一过，朱健在公安局的单身牢房里，居然可以读书看报和写诗了。他想，自己本来就是无罪的，现在，亲友故旧一定也在为他的命运忧心忡忡，于是，他就忍不住"技痒"，想发表几首诗来为自己"平反"。不久，他就在北京的《诗刊》上堂堂正正地登出了署名"朱健"的诗作，而且还是接二连三地发表了他的诗。更有意思的是，热情的编辑们大约认为发现了一位"诗坛新秀"，竟然不断地驰书询问作者的状况，这其中就有时任《诗刊》副主编（主编为老诗人臧克家）的徐迟先生。朱健说，诗人徐迟亲笔写信给我这个"诗坛新秀"，表现了足够的热情和关心。"对此，我颇感为难，实在没有勇气挑明自己一年前还关在公安局，现在正留党察看，以观后效。"但是又不能长久地隐瞒下去。于是，朱健略施小计，在回复徐迟先生的一封躲躲闪闪的书信里，"顺便"拜托他找另一位诗人王亚平，帮助他打听一位老朋友的下落。结果，不久朱健就又收到了徐迟先生略带幽默的回信："原来你不是新人而是老手，恕我眼拙了。"

"完全是善意和友谊，毫无芥蒂之意。"这是徐迟的回信给朱健留下的深刻感受。要知道，那时候人人对所谓"胡风分子"都是避之唯恐不及，生怕沾上一点点关系，甚至还有为了表示自己的"清白"而检举揭发、落井下石的。果然，朱健推测，徐迟很快就尝到了与胡风这个名字相联系的一枚吞不下吐不出的苦果。因为不久他又收到了徐迟的一封来信，信里附着一张显然是从一页稿纸上裁下来的小纸条，上面明确地写道："这完全是胡风到处有生活的谬论，作者……"云云。朱健一看就明白了，这是《诗刊》其他的编辑对朱健寄给该刊的信中的几句话的"评点"或"按语"。如果照此生发开去，在当时的形势下，是足以使朱健重陷囹圄的。徐迟先生也未必不会想到这个后果，但他为了不使朱健过于尴尬甚至可能产生新的恐慌，就只在信上淡淡地"提醒"了一句："一位编辑提了这样的意见，供你参考。"

朱健在晚年回忆了这件鲜为人知的往事后，这样写道："今日重提此事，我仍然不能不感激徐迟的美意。他没有按照当时政治风尚，把这些材料加上'按语'转到我所在单位的组织，实在风谊可钦。"

徐老在世时，我曾笔录过他谈《诗刊》当初创刊的经过，以及他任职《诗刊》副主编那段时间里的编辑经历，却从未听他谈起过这样一件事情。这可以说是徐老的又一种人格风谊吧！

恩师徐迟先生于一九一四年（民国三年，农历甲寅年）十月十五日，诞生在浙江省富饶的杭嘉湖平原上的南浔小镇上，今年正好是他的百岁诞辰。秋到江南，登高望远。谨以此纪念短文，作为献给恩师的一瓣心香。

二〇一四年十月八日，东湖梨园

忆徐迟老师
——兼谈徐迟先生对湖北的贡献

二○一四年十月十五日，是著名诗人、作家、翻译家徐迟先生百年诞辰。湖北省作家协会邀约我写了一篇纪念散文《秋到江南怀恩师》，刊发在十月十日《湖北日报》"东湖"副刊"纪念徐迟百年诞辰专辑"中。因副刊篇幅所限，还有一个话题没能展开，意犹未尽，只好另成一篇，作为补充。

先说说徐迟先生对湖北文化的贡献。他从青年时代起，就热爱大诗人屈原，下功夫研究过楚辞和屈原、宋玉的作品。二十世纪四十年代他在重庆时，给郭沫若写过长信，讨论郭老的剧本《屈原》。这封信已经收进了《郭沫若全集》中。七十年代里，他研究屈原的《九歌》，写过论述屈原时代的楚国政治、社会、不同阶级和文学风气的长篇论文。八十年代，他继续钻研楚文化，创作了以楚文化为背景的幻想小说《楚王妃复苏记》。这是一篇被人们忽略了的、具有文献价值的作品，或者说，是被他自己的那些更有影响力的报告文学和散文作品给

"掩盖"了。除了古代的楚文化，他还深入采访、研究过汉剧艺术的变迁和兴衰历程，在六十年代写过一篇纪实风格的中篇小说《牡丹》。这篇作品也被作者作为"广义的散文"，收录在上海文艺出版社八十年代出版的《徐迟散文选集》中，和他在五六十年代创作的、以艺术家常书鸿为主人公的《祁连山下》，以著名学者和藏书家郑振铎为主人公的《火中的凤凰》等，都是同样的"纪实风格"。《牡丹》写的是汉剧艺人的生活与命运波折，也描绘了汉剧这个艺术剧种的兴衰历史。徐迟先生当年有机会近距离接触和深入、详细地采访过陈伯华等汉剧表演艺术家、剧作家、导演与底层艺人。《牡丹》虽然不是一部学术著作，却为后来人研究汉剧艺术和历史，留下了一份难得的、有独特价值的文献。

新时期的湖北文学，因为有了浙江湖州人、诗人徐迟先生，有了河南邓州人、历史小说家姚雪垠先生，江苏句容人、戏剧文学家骆文先生，广东大埔人、散文家碧野先生，还有河南潢川人、诗人白桦先生……湖北乃成为当时全国瞩目的一个文学重镇，湖北文学的整体水准，也在新时期里达到了一个前所未有的顶峰。

再说说新中国成立以来，徐迟先生对湖北的一些重大建设工程的贡献。二十世纪五十年代，他从北京来到武汉，深入武钢、武汉长江大桥等大型建设工地采访，创作了《武钢之晨》《一桥飞架南北》《汉水桥头》《长江桥头》等被传诵一时的报告文学。不久前，我随一个文化代表团到俄罗斯访问时，和当地作家们谈到了俄罗斯与湖北的"缘分"，其中就谈到了徐迟先生在《一桥飞架南北》这部报告文学里着力写过的主人公之一、苏联桥梁专家西林先生,他是武汉长江大桥的一位设计者和著名工程师。除了写长江大桥、汉阳大桥,这个时期徐迟还写过武钢高炉,写过黄石大冶矿山;六十年代,他多次深入长江水利工地第一线采访,到梁子湖区体验生活,写出了《我们工地的农场》《鱼的神话》等名作;七十年代末期,"文革"刚刚结束,他从"牛棚"里一出来,就风尘仆仆地去了江汉油田,写出了报告文学《石油头》;八十年代,他去葛洲坝建设工地,写出了《刑天舞干戚》,到华中电网系统采访,写出了《雷电颂》;九十年代,他又去长江三峡大坝工地采访,写出了《更立西江石壁》,到武汉新型的高科技城区"光谷"采访,写了以著名光纤专家赵梓森为主人公的报告文学《贝尔、高锟、赵梓森》;进入新世纪后,他不顾年高体弱,又深入到长江二桥建设工地采访,写出了纪实散文《跨世纪的桥》。

在这里,我要讲到一个亲眼见证过的、鲜为人知的细节。将近二十年前吧,我陪徐迟先生去长江二桥建设工地采访时,长江二桥尚未最后竣工,中间的桥面还没有完全接通。大桥局的领导和建设工地的指挥者,获知赫赫有名的《哥德巴赫猜想》的作者、已经年迈的徐迟先生来工地采访了,都感到惊喜,纷纷赶来和徐老见面、寒暄。这些领导和工程师当中,就有五十年代里参加过武汉长江大桥(一桥)的几位。工地的师傅们热情地抬来几块厚厚的大钢板,铺在大桥中间尚未合龙的桥面上,让徐老从武昌的桥面跨到了汉口的桥面上。大桥局的领导和工程师们笑着说:"徐老,您可是全国第一个跨过了长江二桥的人,在这之前,还从来没有谁全程跨过这座尚未竣工的大桥哪!"

大桥局的领导和工程师详细地向徐老介绍了二桥的施工情况。徐老询问得也非常仔细。给我印象最深的一个细节是,徐老请教一位工程师,如何解决桥面的热胀冷缩问题。工程师惊喜地说,徐老问的问题很专业。接着,他给徐老介绍说,整个桥面并不是整体一块,而是每间隔一段距离,就会留出一道适当的缝隙,给热胀冷缩留出空间。在大桥局总部的会议室里,有人端来一本硕大的纪念册,徐老欣然题写了"跨世纪的桥"五个字。不久,他用这五个字做了自己所写的这篇纪实散文的标题。我把这篇散文分别寄给了《人民日报》和《湖北日报》。一九九五年六月十八日,武汉长江二桥正式通车那天,徐老的这篇纪实散文刊发在《湖北日报》"东湖"副刊上。不久,《人民日报》也在"作品"版刊发了这篇散文,标题改成了《金色的大竖琴》。这是因为徐老在文章里引用了唐代诗人李贺那首《李凭箜篌引》中的"李凭中国弹箜篌"的句子,把长江二桥这座双塔双索面的、美丽的斜拉大桥,形容为一架"金色的大竖琴",一架"所有乐器中最高贵的乐器"。

在散文末尾,徐迟先生以他特有的对高科技和现代桥梁建设者的热情,为长江二桥写下了抒情诗一般的句子:"多么幸福的武汉市民啊!现在你们又有了一座美丽的桥……这是一座跨世纪的桥!这座桥可以使我们毫无愧色地大踏步地跨入新世纪!它多么美啊,它的美是高科技的美,它本身就是高科技的产物,是高科技的思维花朵,是几何立学主义的雕塑,没有高科技就根本不可能有这样崇高的艺术品！啊，高科技！啊，新世纪！"

　　徐迟先生虽然不是湖北人，但他把自己的大半生都献给了湖北，献给了武汉。因此，湖北人民和武汉这座大城，真的应该深深地感念他、感激他。

二〇一五年十月十四日，东湖梨园

完成的和未完成的

　　天才的作家和艺术家往往都是如此：他的生命和创作生涯结束了，但他的影响、他的精神，还有他的故事与传说，却在人间重新开始。时间是有重量的。转眼之间，徐迟先生离开这个世界已经十多年了。十多年的时间，有可能使一些作家的作品如过眼烟云，随风飘逝，也可能使另一些作品如同沉船一样被重新打捞出海面，光芒重现。果然，我们看到，在这十多年间，徐迟先生的许多著译作品，如报告文学选集《哥德巴赫猜想》，散文译著《瓦尔登湖》，长篇传记译著《托尔斯泰传》等，都被重新编辑，推出了新的版本。不久前，百花文艺出版社又推出了新版的徐迟自传《我的文学生涯》（即原由作家出版社出版的《江南小镇》）。使我感到欣慰，并且"与有荣焉"

的是，这个版本里穿插了几十幅徐老各个文学时期的相关图片。这些图片中的大部分，都是我在这十年间从上海图书馆、北京国家图书馆和一些友人那里保存的各种文献资料中查到、复制出来的，有的可能还是鲜为人知的图片和手迹。这本新版的自传，可以满足十多年来许多一直在寻找《江南小镇》的读者朋友了。

然而，我也想到了徐迟先生留下的两个遗憾，两个未完成的文学工程：一是《荷马史诗》的诗体翻译；另一个就是多卷本回忆录（自传）的后半部分。

这里只说说那未完成的回忆录的后半部分。新中国成立以后，在一个很长的时期里，文学从属于政治，作家只应该为工农兵服务，任何作品，包括诗歌，都处于"无我"状态。这种简单而又普遍的文艺风气，直接导致了一大批从二三十年代走过来的作家的无所适从和束手无策。他们几乎是不约而同地摇摇头，自叹才尽，无法效命而从此停笔，过早地终止了各自的创作生命。但也有一些作家，似乎克服了"异化"，在痛苦与困惑中走出了高尔基笔下的那个克里·萨木金式的自我天地，很快投入了新的时代当中。徐迟当属后一类作家。他这样说过，面对克里·萨木金这面"镜子"，他曾经觉得，自己"也是掉在新中国里的一个魔影"。他为此也极其困惑过，但是最终，他还是"十分认真地通过了三四年的刻骨铭心的痛苦，好不容易才克服了它，最后费尽了心血，终于使我的个人与社会、个性和共性，越来越靠近，直至后来两者紧密地拥抱在一起，大体上达到了统一，因而取得了比较显著的活力，取得了稍稍的心安理得和较好的成效"。这时的徐迟当然还没有想到，再过许多年之后，他还会对此时的想法来一个"否定之否定"。

一九九五年，我曾有幸协助他写作他的回忆录的一九四九年以后部分。当时我们采用的方式是，他先简略地口述一个大概的线索，我做笔录，然后根据这个线索寻找和补充材料——包括查对和引述他的日记、他同期的各类作品、同时代人留下的文献资料等——然后再经他过目和润色，完成定稿。用这种方式，他从开国后讲起，差不多讲到"文革"前。然而，渐渐地，这个回忆录越写越艰难了。原因倒不仅仅是因为其时他在个人生活上碰上了一些麻烦，无法继续在武汉居住，也不仅仅是因为健康的原因，最重要的因素，我以为就是，他越来越对自己自五六十年代以来的生活、创作与追求，产生了迷惘和怀疑。已经完成的那十来万字回忆录中的一部分，不久就以《在共和国最初的日子里——〈江南小镇〉续集》为题，刊发在《江南》杂志一九九六年第三期上。

徐迟先生把他的这种迷惘与犹疑，坦白地披露在这个"续集"的开端："我现在只好叹叹气，对你们说：我只是一个幻梦家而已！而如今我的幻梦全幻灭了。幻梦！幻灭？是这样吗？"他追问自己。虽然他是多么不愿意看到，甚至不愿意相信这一切都是真的，然而他却不能不承认了："是这样的！是的，你们也许还不信，我的幻梦是真的幻灭了。"他还写道，当他写着这个回忆录的时刻，"我还清楚地想起，并清楚地看到我自己在那种依稀的蒙昧时代的得意洋洋的、磅礴浩荡的情绪。多么大的一个幻梦啊！随着是多么悲哀的一个幻灭！"

我宁愿相信，正是这种越来越清晰、越来越沉重的幻灭感，才是徐迟先生后半部分回忆录再也不能继续写下去的真正原因。然而在五六十年代，他虽然有过一些克里·萨木金式的痛苦与困惑，却还并没有晚年的这种幻灭感。当时，他只觉得自己是一个真正的"新中国人"。表现在创作上，他几乎抛弃了一切属于个人的渺小情怀的抒发，而大写特写起"我们这时代的人"来。他像巴尔扎克要求作家的"应该成为时代的秘书"那样，把自己热情的笔触，伸到了时代生活的最前沿，把反映新中国各个时期的经济建设生活，反映新时代人的高昂向上、艰苦而又乐观的奋斗精神，视为自己创作的首要主题。就像一位评论家说过的，他不是歌唱月夜和爱情的夜莺，而是为沸腾的工地和豪迈的建设者忘情翔舞。

二〇〇七年初春

灵芝与牡丹
——纪念恩师徐迟先生

他所攀登的山脉

徐迟先生一生涉足了诗歌、散文、小说、报告文学创作、文学评论、文学翻译、文学编辑，音乐、绘画、戏剧等艺术评论，以及红楼梦研究、楚辞研究等多个领域。他在二十世纪五十年代里写过一首诗《我所攀登的山脉》："我所攀登的山脉/在雨雪云雾笼罩下/……它吸引你走近它/像磁场导引指南针/……除非你是一个勘探队员/你不会知道这山脉的价值。"他就像一位永不疲倦的攀登者，在各个领域里"孤身走我路"，继而直薄云顶，取得了一般意义上的作家所无法取得的卓特的成就。然而，他晚年也留下了两个遗憾，两个未完成的文学工程：一是《荷马史诗》的诗体翻译；另一个就是多卷本回忆录（自传）的后半部分。他就像追日的夸父，中途倒在了生命的旸谷之中；又如化蝶的庄周，在冥冥之中到达了虚静的天街，去那里作形而上的思索去了。早在二十世纪三十年代里，他写过一首后来不幸而遗失了的长诗《未完成的永恒证》。荷马史诗的翻译，和他的半部《江南小镇》一样，都成了他的"未完成的永恒证"。

毕生的爱乐人

中国现代作家里头，真正懂音乐的人并不多，但爱乐者却不少。徐迟先生可以算得上是一个既懂音乐又爱好音乐的人。虽然他总是自谦不是真懂，更不是什么"音乐学家"，但他也乐于承认自己是一个"热烈的，时而还是狂热的音乐爱好者"。

二十世纪九十年代里，为了编选《徐迟文集》第七卷即音乐评论卷，我曾把他在一九三六至一九三八年间编写和出版的三本关于音乐的书——《歌剧素描》《乐曲与音乐家的故事》和《世界之名音乐家》都找到了，也通读了。可以说，他是我国现代较早的几位把西洋音乐家及其作品介绍到国内来的作家之一，其情也可嘉，其功不可没。正如同丰子恺早年的《音乐入门》等音乐书影响了徐迟对音乐的热爱与迷恋一样，徐迟的几本谈音乐的书，同样也影响了后来的一代爱乐人。散文家何为就珍藏着一册《歌剧素描》，并说这是对他产生过影响的书，二十世纪八十年代他把这册发黄的旧书转赠给徐迟时，我看见，那上面写满了眉批，画满了不少欣悦的竖线。著名爱乐人和乐话家辛丰年先生也曾在《万象》上撰文，说到自己多年来对徐迟的这几本音乐散文书的寻找与牵念。

编写这三本关于音乐的书时，徐迟也还只有二十来岁。但在对于"民族音乐""乐曲的大众化"等问题上，他已经有了自己的主见。一九四九年之后，曾有不少老朋友鼓动徐迟修订这三本谈音乐的书，音乐出版社也曾和他联系过。但那时徐迟已经忙于唱他的社会主义建设时期的"最强音"，忙于谱写他的"共和国之歌"和讴歌"美丽，神奇，丰富"的生活，终于没能来做这个修订工作。这是颇为可惜的。但他仍然是一个忠诚的爱乐人，用他自己的话说："我还是每天都离不开音乐的。"

徐迟的音乐活动，是和他的另一位老朋友、音乐家马思聪连在一起的。一九四五年八月二十八日，毛泽东自延安飞抵重庆，和蒋介石谈判。三十日，徐迟写的一首热诚的颂诗《毛泽东颂》，在《新华日报》登了出来，署名"史纲"。诗中写道："……你的名声江河样，奔流南北城乡。……这里的人民在期待你，前来展示你的力量。……你是我们的唯一的希望。"这首诗大概是国统区作家在毛泽东到重庆时，最早发表的歌颂他的诗篇。九月十六日，乔木（乔冠华）告诉徐迟说："今天下午三点钟，你和马思聪两人，一起到红岩村去，到时候会有车子来接你的。"就这样，他和音乐家马思聪一起见到了毛主席和周副主席。

这次被毛和周接见时，马思聪向毛主席提出了普及与提高的问题，毛主席对此做了些解释说：既要有普及工作者，也要有写提高的作品的作者，鲁迅先生是一个写提高作品的作者，但如果大家都来当鲁迅先生，那也不好办了。徐迟理解，主席是希望马思聪这样的大音乐家去写一些提高作品的，但同时又是希望他去做一些普及工作。当主席又问徐迟在写什么时，徐迟说，写了不少东西，但都写不好，不好他就宁可先放着，不拿出来，以待来日吧。毛听了，哈哈大笑道："看来你是要'不鸣则已，一鸣惊人'咯！"后来这句话传了出去，一时成为圈子里的笑谈。也就是这次会见之后，徐迟得到了毛给他的那幅著名的题词"诗言志"。在红岩村见到了毛主席和周副主席这件事，成了徐迟后来最美好的回忆之一。

建设工地上的"火鸟"

按照现行的中国新文学史的分期方式，徐迟算是一位跨现代和当代两个时期的作家，而且，两个时期里他都很活跃。也许正是因为他最终放弃了那并未"完成"的现代派而接受了马克思主义，所以，在一九四九年之后，他并没有像许多三十年代的作家朋友或老师辈的人如施蛰存、沈从文那样，感到无法效力而过早地终结了自己的文学创作。虽然，他也曾有过短时间的困惑、矛盾，甚至是极其痛苦的抉择与挣扎。

开国之初，他先后以《人民中国》特派记者和《人民日报》特约记者身份，两次奔赴朝鲜战场，写出了《平壤被炸目击记》《走过那被蹂躏的土地》等特写。朝鲜战场的报道文字，算是徐迟散文特写之笔在新中国的"霜刃初试"。五十年代里，热火朝天、轰轰烈烈的社会主义建设生活和改造事业，给了徐迟极大的鼓舞。在那个火红的年代里，他作为《人民日报》特约记者，轻装出城，云游四方，足迹踏遍了长城内外、大河上下和大江南北，先后到过鞍山、长春、沈阳、包头、武汉、重庆、昆明、兰州等新中国的主要钢铁基地、重工业城市和新兴的工业基地，并西出阳关，纵贯柴达木盆地，深入大西北刚刚开发的油田、矿山采访调查，以饱满的热诚和娴熟的文笔，报道着新中国的工业建设成就，描绘着人民共和国的壮丽江山，也反映着新时代人的乐观向上的精神风貌。五十年代是他散文特写创作的一个高峰期。这个时期他唯一一部比较"另类"的作品，是以郑振铎为主人公的、反映知识分子生活的中篇报告文学《火中的凤凰》。这个作品当时只完成了主要部分，全部完成和问世，却要到"文革"结束之后了。

一九六〇年，第三次全国文代会后，徐迟辞去《诗刊》副主编职务，举家南迁到武汉，在长江水利委员会综合治理和开发规划办公室（简称"长办"）挂职并深入生活。他是因为在一九五六年采访过高峡平湖和南水北调的规划而信以为真，满怀诚挚和热望，直扑长江三峡工程而来的。不想却扑了一个空。他要在湖北等上三十五年之后，即一九九五年的某一天，他才能够踏入真正的三峡大坝的建设工地，并且写下那篇他为之等待了三十五年的报告文学《更立西江石壁》。

三峡工程搁浅之后的日子里，他只好不停地往返于长江之上，成了一名长江歌手和行吟诗人。这时候他已经习惯于到处奔走和采访了。目标已经迷失，而热情却丝毫未减。表现在创作上，他几乎抛弃了一切属于个人的渺小情怀的抒发，而大写特写起"我们这时代的人"来了。他在《三峡记》一文里也写道:"当我居住在北京,我却听见从四面八方,从全国各地传来的声音。这边在召唤,那边在邀请。生活处处将我吸引。于是,我歌唱,旅行。"他追踪着共和国建设者的足迹,乐而忘返:"华东和西南,都非常吸引我,但是,东北和西北,却曾经征服我。我朝拜过钢都、汽车城;亲眼看见黄河清。祁连山俘虏了我的心;青海湖我一见钟情。在芒崖我曾顶礼昆仑,我有心向塔里木进军。此外,我也曾在柳城土改,在洞庭春耕,在华北大平原庆贺人民公社如耀耀朝阳之升。塞外我住过葡萄园,海南向往椰子林……"

他似乎在用自己的一部部反映了新中国建设步履的作品,向读者宣告着:他不是歌唱月夜和爱情的夜莺,而是为沸腾的工地和豪迈的建设者忘情翔舞的"火鸟"。

绝顶上的灵芝

十年动乱结束后,徐迟先生重返文坛。这时他虽然年过花甲,但对生活的激情和创作的欲望,却像沉默已久的火山一样,渴望着爆发。果然,他先是在地学、地质力学的疆域里跋山涉水了好几个月,写下了大气磅礴的《地质之光》;又在数学、解析数论的王国探隐索微,写下了一时洛阳纸贵、妇孺皆知的《哥德巴赫猜想》;接着又去流体力学的世界上下寻访,写出了《在湍流的涡漩中》;在漫游了热带、亚热带的沟谷雨林和古植物学的大林莽之后,写下了《生命之树常绿》;逡巡于分子生物学和分子遗传学以及人工合成胰岛素之间,手辟草莱，筚路蓝缕，写出了《结晶》……

他像一位为开发宝山而探寻着矿苗的勘探队员，孤身一人，深入深山老林，不停地向着一座座人迹罕至的高峰攀登，不断地有所发现。这些以科学家和知识分子为主人公的报告文学一经问世，便立即引起举国轰动，大小报刊竞相转载，电台广播反复播诵，教科书中纷纷选用，其家喻户晓的盛况，至今人们记忆犹新。这些作品是即将到来的思想解放和科学文化的春天的报春花，也是抒写全国人民渴望四个现代化的辉煌诗篇。这些作品不仅大胆地闯入了"禁区"，把长期以来被文学忽略和冷落了的知识分子形象理直气壮地置入了新中国文学画廊之中，而且对推动当时的思想解放、拨乱反正、尊重知识、尊重人才，起到了不可低估的历史作用。而在文学史的意义上，它们也堪称新时期报告文学发展的里程碑，它们把当代报告文学艺术推向了一个前所未有的高峰。

对科学和高科技的迷恋，一直持续到他的晚年。他晚年所读之书，多是高能粒子、《相对论》等自然和科技方面的著作。记得有一次，他颇为认真地对我说过：别的可能都是假的，都可以不写，而唯有科技，唯有高科技的东西才是真的，才是非写不可的。可惜的是，他这个看法有点"曲高和寡"。他几乎是在"孤身走我路"，而鲜有同行者。一九七八年《哥德巴赫猜想》出版时，虽有一部分标明是"非卖品"，却也发行了百万册之多。然而到了《来自高能粒子的信息》出版，却只有寥寥数千册的印数。四十年代在上海，他翻译《帕尔玛宫闱秘史》（即《巴马修道院》）时，译过司汤达写在书末的这样一行文字:"To the happy few"(献给少数幸福的人)。像《来自高能粒子的信息》这样的书,也是"献给少数幸福的人"的。因为,那是一个无比奇异和瑰丽的世界。那里的路,通往未来的世界;那里是徐迟热诚地赞美过的"空谷幽兰、高寒杜鹃,老林中的人参,冰山上的雪莲、绝顶上的灵芝,抽象思维的牡丹"。

"解放是荣耀的"
——徐迟"二战"题材译作略述

徐迟先生以创作名世,文学翻译的成就似乎为创作之名掩盖了。实际上他有着六十余年的翻译生涯,为后世留下了不少名著名译,如世界散文名著、美国作家梭罗的《瓦尔登湖》,传记文学名著、英国作家艾尔默·莫德的《托尔斯泰传》,托尔斯泰散文集《酒色与生命》等。他也是我国较早的翻译赛珍珠、海明威的小说和美国意象派诗人作品,以及新土耳其诗人希克梅特等作家作品的翻译家之一。他在不同时期还译过雪莱、惠特曼、聂鲁达、斯坦因、何塞·马蒂等著名诗人的作品,翻译过泰戈尔、毕加索、杰克·伦敦、法捷耶夫等人的长篇文论;即使是在晚年,他还兴致勃勃地翻译了关于人类登月、遨游太空的科学报告以及《罗丹艺术论》等现代艺术评论。二〇一五年是世界反法西斯战争、中国抗日战争胜利七十周年。徐迟先生在抗战期间翻译过好几部反法西斯题材的文学作品。现稍做钩沉，略述有关版本情况，以为纪念。

《巴黎的陷落》与《解放是荣耀的》

二十世纪前半叶，第二次世界大战之中，巴黎的陷落和法兰西的崩溃，是最使人感到沉痛的一段历史。有两本书，分别描写了这段惊心动魄的历史。一本是苏联作家伊里亚·爱伦堡的长篇小说《巴黎的陷落》；另一本是美国女作家格特鲁德·斯坦因的长篇报告文学《解放是荣耀的》。二十世纪四十年代在重庆，徐迟与友人合作，翻译了这两部名作。

《巴黎的陷落》是他和诗人袁水拍合译的。徐迟译前半部分，袁水拍译后半部分。徐迟曾回忆说，颇为奇妙的是，两人着手翻译前，把这本书撕开，一分为二，到了译好，碰面一对，接头处徐迟译的前半句和袁水拍译的后半句竟然无需修改，正好严丝合缝地接上了。他们的译本先以《巴黎！巴黎！》的书名，一九四七年三月在重庆国讯书店出了第一版；后以《巴黎的陷落》为书名，于同年在上海群益出版社出版，一九五一年十二月又在上海文光书店出第二版。一九五三年四月出第三版时，戈宝权以《爱伦堡及其〈巴黎的陷落〉》为题，为本书写了代序。

《解放是荣耀的》是徐迟一人译的。一九四五年六月先在重庆新群出版社出了第一版，十月又在新知书店、读书出版社和生活书店在上海的联合书店再版，袁水拍为这个译本写了序言，译者自己写了篇介绍作者情况的《作者介绍》，算作"译序"。其中说道：斯坦因原是一位非常奇怪的作家，在第一次大战后，就相当有名了。"野兽派"画家马蒂斯的第一张画是她购买的；海明威也是她提拔和扶持起来的作家；毕加索的每一个时期，也都得到过她的建议；许多超现实派的作家围绕着她，跟着她走路；不少杂志也在她保姆似的提携下出版。

更可称奇的是，斯坦因在大学里读心理学的时候，试验过一种"自动写作"（"潜意识的写作"），专写自己的潜意识，或说用自己的"潜意识"来写作。徐迟在三十年代就译过她用"自动写作"法写的一篇"怪文"，题目叫《风景与乔治·华盛顿》，但因其太怪，始终也没发表过。例如这样一段："……秋季的风景可以称为夏季。这也能有晴天和雨天。……他们可以包括他们的接待。这是时间的一部分而这是一种利益。那个所谓秋季的风景的东西他们不能耕植。那个也所谓秋季的风景的东西因为他们能收获一切已经长成了的事物。不久之后，他们在秋季的风景上所喜欢的东西他们愿意使她变成雨……"果然是一些让人莫名其妙的句子。

就是这样的"梦呓"般的文字，往往可以洋洋洒洒长达十几页。据说有一次，一家杂志发表了她的一篇文章，因为原稿上页码不小心被弄乱，上半篇和下半篇颠倒了，但杂志的编辑和校对都没有发现这个错误，直到第一本样书装订出来，斯坦因自己发现了这个大错误。她立刻要求重排。但编辑们不以为然，试图说服她：反正您的文章是没有人看得懂的，颠倒了也没什么关系，重排一次，杂志的损失太大了。斯坦因却坚持要求重排。最后当然只好重新排过，改正了这个对读者来说其实改不改都无所谓的错误。

幸好《解放是荣耀的》不是用这种"潜意识"的写作创作的，而是她年逾古稀之后的满怀激情的纪实作品，所以读者都还是"看得懂"的。徐迟说：我们"从人的受难，游击队的活动，法兰西的解放中，看出了一个更宽阔，更光明的世界"，他还预言说："这里面描写的感情不久我们也会感觉到，因为解放，的确是荣耀的！"

从一九四〇年六月十四日巴黎陷落算起，全世界人民都在密切地关注着巴黎这个自由、民主的大都会。巴黎在黑暗中度过了四年两个半月的时间，终于迎来了解放。斯坦因在这本作品里是这样迫不及待地、一开头就宣布了这一振奋人心的消息："今天十二点半，在无线电收音机里有一个声音说：注意！注意！注意！于是一个法兰西人的声音像爆炸了一样地，兴奋紧张地说，巴黎解放了！荣耀啊！巴黎自由了！"不难想象，徐迟先生译这些文字时，是何等的兴奋和畅快。这种文字风格，与他当时所钟情的风云史诗的风格是一致的。

二十世纪九十年代里，刘白羽为重庆出版社主编了一套大型的"世界反法西斯文学书系"，其中的一卷里就选用了徐迟翻译的《解放是荣耀的》的一些章节。

《我轰炸东京》

第二次世界大战期间，日本东京第一次被轰炸，是在一九四二年四月十八日。参加那次轰炸的美军飞行员中，有一位名叫铁特·W. 劳荪的队长，事后他撰写了一本曾经轰动一时的书《在东京上空三十秒》，分六期发表在美国的一份流行杂志上。

书中记述了美军的一个飞行大队，从一艘名为"黄蜂号"的航空母舰上起飞，低空飞行到日本上空，竟然躲过了日本防空部队的监视。快要临近东京时，机队突然升高，迅速掠过东京上空，时间只有三十秒。三十秒里，这个大队的几十架飞机却在一瞬间投掷下了无数的炸弹，使东京第一次燃烧起来，处于一片火海之中。在东京方面还没弄清楚是怎么一回事时，这个航空大队已迅速飞达中国海岸线上空，向事先预定的中国各个军用机场飞去。但这时候夜幕已经降下来了，而且更糟糕的是，早几个月前就与国民党政府和军队商量并安排好了的计划，国民党军队却完全没有执行，所有中国军用机场都不仅没有发出信号，照亮机场跑道，甚至连一点灯光都没有，几十架飞机无法降落。幸好当时只有一个机场亮了灯光，有两架重型轰炸机幸运地在那里安全降落，机上人员全部安然无恙。而其他无处降落的轰炸机上的飞行员，有的迫降，有的被迫跳伞，结果大都是机毁人亡，伤亡惨重。劳荪队长也因此失去了一条腿。

这本书是劳荪队长轰炸东京的远征飞行的亲身经历自述，是二战的一个侧影，其中也暴露了国民党政府及其军队的腐败无能和不守信用。这本书先是连载，后在美国出版全书。甫一问世，即引起轰动，成为当时的畅销书之一。四十年代中期，徐迟正在墨西哥驻重庆大使馆新闻处做译员，因而有机会结识了一些美国空军人员。一位美军上尉给了徐迟一份连载的《在东京上空三十秒》。徐迟一看，觉得这是一部很真实的，且以清新的语言写成的富有惊险色彩的报告文学作品，当即决定把它翻译过来。因为原文中夹着许多生动传神的美国俚语，徐迟便又邀请他的同乡、后来在巴黎担任驻法大使馆秘书的翻译家钱能欣一起来译这部书。徐迟译前半部，即描述这项伟大的轰炸行动的准备及其经过的那一部分；钱能欣译后半部，即记述这些飞行人员如何在中国海岸降落，以及中国游击队如何护送他们通过日军防线而到达中国大后方的过程。

一九四五年，重庆时代生活出版社出版了徐迟、钱能欣合译的这本书，译名定为《我轰炸东京》，列为"时代生活丛书"第五种，徐迟写了一篇《译者序》，说明了这本报告文学样式的作品的写作和翻译过程。在翻译这本书之前，徐迟刚刚翻译并出版了一本《依利阿德试译》，所以他在《我轰炸东京》的序言中说："若有人问我，译了古特洛亚战场的史诗之后，再来译这个近代的战争作品，有无感想，我要说，我爱这些近代战争的史诗，绝不亚于古代的神话的歌唱。这是一个奇迹，奇迹中充满了英勇和热情，中国读者对此一定感到分外兴奋。"这个译本，徐迟自己没有保存，我查到在重庆市图书馆里还幸存一本。这应该是"二战"亲历者撰写的一本报告文学名作。

《第七个十字架》

一九四三年元旦过后，徐迟从歌乐山的蒙子树乡间，搬回了城里。当时正在为《新华日报》写国际述评的乔木（乔冠华)是徐迟的朋友和"引路人"。他为徐迟找到了一本书,是德国女作家安娜·赛格斯的小说《第七个十字架》的英文本。这也是一本反法西斯题材的名作。乔说他已跟书店说好,此书由徐迟来译,译完就由生活书店出版,这样可以使当时正处在失业状态的徐迟有一点点稿费收入。

安娜·赛格斯现在通译为安娜·西格斯,是德国二十世纪代表性作家之一,二战时期与海明威等人齐名。她早年参加工人运动,一九二八年加入德国共产党。一九三三年纳粹执政后,她流亡墨西哥等国,战争结束后返回德国。一九五二年起,历任民主德国作家协会主席、名誉主席。代表作有长篇小说《第七个十字架》《死者青春常在》《拯救》《战友们》,短篇小说集《蜂房》、中篇小说集《海地的婚礼》等。新中国成立后,这位女作家来华访问过,写过《杨树浦的五一节》《在新中国》等纪实作品。《第七个十字架》写的是德国集中营的故事。几个越狱者,从铁丝网底下爬了出去,但一个又一个地被抓了回来,给处决了。其中有一个人,却几次危险都安全度过了。他是第七个被判死刑(即上第七个十字架)的人,但德国法西斯终于没能抓住他,因此,第七个十字架始终没有竖立起来。

徐迟说,这本小说的文笔很细致,大概因为是出自女作家之手吧,其中的心理描写也十分动人,有着鲜明的道义感和积极的反法西斯主题。但这本书让徐迟"译得吃力",觉得没有多少味道。后来是冯亦代的夫人郑安娜听说他译得不顺利,便拿去帮他译了几章,总算交了稿。不过这本书最后未能出版单行本，只在一个刊物发表了若干章。这个刊物我也查到了，是重庆一九四三年十一月出版的《文艺新辑》，刊载的小说节选以《两逃犯》为标题。

《第七个十字架》也是一本反法西斯题材的文学名著，一九四四年，美国导演弗雷德·金尼曼把这个故事拍摄成了电影，由老派明星斯宾塞·屈塞、休姆·克罗宁主演。只是中文片名译成了"第七个十字路口"。一九九九年，外国文学出版社出版了《第七个十字架》的新译本（李士勋译），而最新的一个译本，是重庆大学出版社二〇一三年出版的（童诗倩译），可见这本书至今仍然还有读者需求。

二〇一五年五月，武昌

君子之风

一九二四年九月,鲁迅先生翻译了日本文学家厨川白村的文艺论文集《苦闷的象征》,并为这本书写了一篇短序,介绍了这本书的主旨:"生命力受压抑而生的苦闷懊恼乃是文艺的根柢,而其表现法乃是广义的象征主义。"(《译〈苦闷的象征〉后三日序》)《鲁迅全集》"集外集拾遗补编"中收入了当时鲁迅为这本书写的一则出版广告:"这其实是一部文艺论,共分四章。现经我以照例的拙涩的文章译出,并无删节,也不至于很有误译的地方。印成一本,插图五幅,实价五角,在初出版两星期中,特价三角五分……"

几乎与鲁迅先生的译本同时,当时还不到三十岁的青年作家丰子恺,在一九二四年间也译出了厨川白村的这本书。丰子恺后来回忆说:"倘若早知鲁迅在翻译——他的理解和译笔远胜于我,我就不会多此一举了。"丰子恺曾向鲁迅先生表达过自己的这层意思,但鲁迅对丰子恺说:"这有什么关系,在日本,一册书有五六种译本也不算多呢。"不仅如此,为了照顾丰子恺这位文学青年的译本的销路,鲁迅默默推迟了自己译本的发行时间,而让丰子恺的译本先行问世。丰子恺译的《苦闷的象征》在一九二五年三月由上海商务印书馆出版,系"文学研究会丛书"之一。不久,鲁迅先生的译本也问世。从此以后,中国文坛便有了鲁译和丰译《苦闷的象征》的两种译本。两个译本,各有千秋,堪称双璧。而从鲁迅先生对当时还属无名之辈的丰子恺的鼓励与扶持上,也可见出"大先生"的人格光彩。同一本书的两个译本,为中国现代文坛平添了一段君子佳话。

署名"叶绍钧"的著作目录里,有一本一九三五年九月由上海亚细亚书局出版、列入"基本知识丛书"的《作文概说》。现已证实,这本书并非叶圣陶先生所著。叶至善先生在《父亲长长的一生》这本传记中披露了事情的来龙去脉。原来,当时有一位也是从事教育工作的小职员,生活上遇到了一些困难,于是就写信求助叶圣陶先生,说自己写了一本书,可是因为自己名不见经传,出版无门,希望能"借用"叶先生的名字出版,以解燃眉之急。叶圣陶先生一生富有菩萨心肠,二话没说,就答应了这个作者的要求,于是就有了这本署名"叶绍钧"、而实际上并非叶圣老所著的《作文概说》。有的藏书家证实,这本读物后来又在上海中国文化服务社印行过多个版次。这是君子之风的又一个例子。

不久前，我在一本杂志上又看到了教育家、书法家启功先生的一段逸事。启先生的一位朋友带的一个博士生毕业后，到北京转学，求到了校方的一位主任。主任提出，要求一幅启功先生的字。启先生一听是为孩子上学的事，二话没说就写了一幅。过了一段时间，启功先生因病住院，这位主任也去探视，还带去那幅字，当场请教启先生是不是真的。启先生看了看，笑着说："哦，假是不假，就是劣。"

无独有偶。北京潘家园有个靠卖字为生的年轻人，专仿启功先生的字，几可乱真。但如果你要请这个年轻人为新开张的字号写块匾，年轻人就会立马沉下脸谢绝，说："我和启功先生有约法三章：一不题匾，二不题写书签……"客问："你还真见过启先生?"年轻人说："当然见过。""启先生怎么说?""你的字是假，但不劣。"由此逸事，也可见出启先生的君子之风和菩萨心肠。

"雅命三种,皆不敢承"

经常可以看到几位名作家,隔三岔五就会在当地媒体上露一下脸面,或以书斋为背景,做博览群书状;或与夫人及公子、女儿合影,披露一下自己所谓的优雅生活,而配合图片刊发的访问记里,往往还少不了名作家的写作生活心得:应该耐得寂寞云云。有意思的是,这些作家访问记,多半也都是登在报纸"娱乐版"下方或边缘位置,因为中心位置,自然是属于娱乐界的热门人物的。

不禁想起了鲁迅先生的一段逸事。一九三四年,《人间世》杂志辟出一个"作家访问记"的专栏,每期还配文刊发作家的生活照片。有的作家跃跃欲试,有的作家以此为荣。该刊编者写信给鲁迅先生,要求接受他们的访问,还要求鲁迅以自己的书斋为背景照一张相,作思想者状,并与夫人及公子合拍一张。对此类虚头巴脑的"花架子"做法,鲁迅从来就十分反感,自然是没有丝毫商量的余地。

大先生如是复信道:"作家之名颇美,昔不自重,曾以为不妨滥竽其列,近来稍稍醒悟,已羞言之。况脑里并无思想,寓中亦无书斋,'夫人及公子'更与文坛无涉,雅命三种,皆不敢承。倘先生他日另作'伪作家小传'时,当罗列图书,摆起架子,扫门欢迎也。"语含讥讽,却也毫不客气地拒绝了。

当年,"左联"里有的当权者深居简出,却又经常让鲁迅先生干这干那的,知道有些事情不好让鲁迅直接去做,就吩咐说,先生可派人把签过名的文件送到哪里哪里去。鲁迅觉得自己就像被"总管"奴役的差役一般。弄得心烦了,他就毫不客气地回信说,"舍下无人可派",其况味与意思,正和"脑里并无思想,寓中亦无书斋"相似。

当代大书法家、教育家、古典文学学者启功先生,也是一位向来就对那些虚头巴脑的做法不屑一顾的人。一家著名电视台的"东方之子"栏目编导,曾想请他做一期节目,并夸耀说,进入这个栏目的人名气如何如何,都是文化名人、艺术大师、学界领袖……对此,启先生无动于衷,只是淡淡说道:"如此看来,我顶多算个'东方之孙',等你们日后要办'东方之孙'栏目时,我或许可以有资格上你们的节目。"一句话,就把那些虚浮的东西关在了门外。

另有一次,据说是空军里的一位官员想要启先生的字,派了秘书来见启先生。启先生问道:"倘若我不写,你们首长会不会派飞机来炸我?"来人说当然不会,于是启先生说:"既然不会来炸我,那就不写了,请回吧。"毕竟是大师,三军也不能夺其气与志也。

崖边听笛人

《崖边听笛人：曾卓研究文选》是一部学术性和资料性的书，也是一部友情的书，纪念的书。本书汇编了二十世纪七十年代以来，有关诗人曾卓及其作品的研究、评论、赏析、访谈录、印象记等方面的文字，约九十篇，凡四十五万言。

由于诗人曾卓生活与作品的独特性，以及其人其诗在中国现当代文学史、诗歌史上所处的地位，自二十世纪七十年代后期他"复出"以来，有关他的学术研究、跟踪评论和访谈、散记等，一直持续不断，可谓文字浩繁。近几年来，一些中青年学者又不约而同地选择曾卓作为自己的深度研究对象，出现了不少视角独特、颇具分量的研究成果。所有这些文字，无论对文学史、诗学研究界还是对一般文学读者而言，都是难得的文学资料。而对诗人自己来说，它们除了具有上述的价值，同时还意味着一些极其珍贵的友谊、友情，有着特别的纪念意义。然而要把所有的文字都收集齐全，却不是一件容易的事。即便是已经收集起来的文字，由于本书篇幅所限，也不可能全部入选，这是要请求朋友们理解和原谅的。

本书是从一百六十多篇（上百万字）的文章中再三挑选出来的，分为上、下两辑。上辑为访谈、散记类的文字；下辑为研究、评论、赏析类的文字，其中又分为综合论述、诗歌论、散文论、单篇作品赏析等不同单元。所有入集的文章尽可能注明了最初发表的时间和出处。本着文本存真的原则，所有入集的文章，本书编者除了对一些明显的错讹予以纠正外，一般不作其他文字上的改动。只是要说明和抱歉的是，由于本书容量所限，部分文章的评论对象是多位诗人的，编者一般都采取"节录"专论曾卓的部分，收入本书，并注明"节录"字样。

编辑这样一部学术性和资料性的书，不仅文字量大，涉及的作者面广，而且不少文章因为发表时间久远，已无法与作者取得联系，因此也无法查明最初发表出处。再加上编辑时间紧迫、编者目力所及有限等原因，其中不当之处，势必难免，恳请朋友们和有识之士不吝批评和指正。

曾卓先生有一本诗集的书名为《悬崖边的树》，又有一本散文集《听笛人手记》，本书因而定名为《崖边听笛人》。

编选这部文集，也使我获得这样一些感受：

其一，通过编选这部研究文集，我欣喜地看到了，关于诗人曾卓的学术研究，在进入二十世纪九十年代之后，尤其是进入新世纪之后，有了一些新的进展，获得了一些深度的研究成果。如果说八十年代里，人们还只是把曾卓作为一个优秀的诗人和文学家来看待和研究的话，那么，近几年来，不少中青年学者已经同时把曾卓作为一位思想者，作为那一代从苦难中走过来的人文知识分子中的一员来看取、来研究了。我们从青年学者何向阳的长篇论文中，从哲学家张志扬先生论文中，从李辉先生的访谈中，可以感到这种研究的学术深度。其中何向阳的评传限于篇幅，本书只选了一部分（约三万字），另有两万字已在《南方文坛》发表。

其二，编选这部研究文集的过程，也是我深深地感知着什么叫"桃李不言，下自成蹊"的过程。"曾卓研究"早在四十年代就有人在做了，那时候他有"中国的雪莱"的美称。可惜这本书因为时间仓促和资料寻找之不易，没有收入四十年代和五十年代的那些研究文字。八十年代的曾卓研究几乎是与曾卓的"复出"同步的。我粗略地计算了一下，自八十年代以来的有关曾卓的研究、访谈文字，早已超过了一百万字，差不多与曾卓所创作的文字总量相当。我想，这其中除了诗人的作品本身的品质与魅力，当然更是由于一种精神的魅力和人格的力量，吸引了那么多的评论家、研究者和欣赏者。正所谓"桃李不言，下自成蹊"。

其三，编选这部研究文集所获得的享受，所得到的教益，远远超过了编书所付出的劳动。我是个普通的编辑，如果没有编选这样一部文集的机缘，我不可能通读所有的关于曾卓的研究文字，也未见得能这样全面和多视角地去了解一个善良和优秀的诗人、一个智慧的深刻的思想者。由此我想到，一个人如果想要全面和透彻地去了解一个作家、一个诗人,就应该去为他编选文集,为他编选研究文集。编选这部书,使我看到了一个诗人的优秀所在、魅力所在,也使我深深感到了做一个优秀的诗人,做一个能够获得真正的知音、能够赢得众人的尊重与敬仰的作家,该是一件幸福和欣慰的事情。这样的一生是值得的,是有价值的。所以,诗人翻译家、曾卓的老朋友绿原先生称曾卓是"一个幸福的人"。

红石竹花

罗飞先生：您好！

  收到大札及尊著《红石竹花》，欣喜不已。谢谢您的赐赠。《红石竹花》的装帧设计、版式设计先就吸引了我。张守义、钱绍武两位艺术家的插画更是令我爱不释手。这是一部格调高雅、印制精美的诗集，是一件诗画相映的"艺术品"。您不愧为一位诗人兼编辑出版家。您懂得该如何来善待诗歌，给诗歌以至尊至美的待遇。《红石竹花》这部诗集的问世，该是当代中国诗坛的一大收获。

  因为喜欢这部新书，便放下手上的事情，先睹为快地读起来。从黄昏不觉读至午夜，把整部诗集一口气读完了。也许这不是读诗和欣赏诗歌的最佳方式，然而对于新鲜和美好的东西，又是只有"饕餮"方能获得大快朵颐的享受。您的诗集就给了我这样的享受。

绿原先生的评价相当准确：您的诗大都"以目下罕见的一种多层次的论辩方式显示和推进自己的激情"。我读这部诗集感受最强烈的，也正是诗中那富于力量的思辨色彩。这种诗的"知性"肯定是与诗人的生命历程和灵魂的锻就程度相关，不曾冰河夜渡，谁敢坐看云起？诗的思想深度不亦是诗人的人生体验与反思的深度！在这一点上，您和所有"七月"诗人是难分伯仲、互为验石的。思辨的力度、理性的光芒充满了这部诗集的几乎每一篇章。

其二，是您的诗中的激情。它们丰富、炽烈、饱满，绝无无病之呻吟。诗集里贯穿着和回荡着贝多芬的"命运"般揪心的旋律。这种抒情的音响是振聋发聩的，如《串场河的乡思》《土地对雪花这样说》《拉奥孔》《灼人的目光》《她的灵魂会这样呼喊》《魔镜中的"玛哈"：陌生的自我》《保尔·高更与塔希提》等长篇交响乐章。即便是一些短诗如《我问鲁迅》《后奥赛罗》《红石竹花》《漂瓶的秘密》等，也都是由纯金材料熔锻而成，其音响出自痛苦的打击，铮铮然，铿锵有力。所谓痛苦出诗人、愤怒出诗人、挚爱出诗人等命题，都可以在这里找到注解。您在《肖邦》一诗的"题记"里说得好："我不能说，我理解你的音乐，但是我能说，我理解你那颗心。"是的，鲜艳、美丽、热烈的，如雪如霞的"红石竹花"，就是您炽热的诗人之心的象征。她是抒情主人公道德形象的鲜明标识，由抒情主人公的纯美、圣洁的情感浇化而成。

除此之外，这部诗集还使我感到，作为一位成熟的诗人，您有很多篇章写到了一些中外文学艺术家的生活、命运及艺术创作经历。您从他们的命运遭际和艺术劳动中发现了人类的一些共同的命运和忧患，发现了世间永恒的至尊、至真、至善、至美。这部诗集中，您写到了鲁迅、胡风、肖邦、贝多芬、爱罗先珂、拉奥孔、洛尔迦、钱绍武、奥赛罗、戈雅、高更等文化人物和艺术形象。您从这些领域里开始了对于人类命运的思索，对于人类道德文明的诘问，对于人类灵魂的拷问与审视。关于这一点，书中所附的绿原和高嵩两位先生的文章中所作的分析与归纳，极其中肯到位，我十分赞成。我甚至觉得，您从文学艺术大师们身上所获得的灵感，所激发的诗情，所发现的真理，是您的诗歌中最具思辨力量、最为闪光的一部分成果，同时也最能反映您的诗歌世界的丰富、美丽与深沉。如绿原先生所言："你的'玛哈'就在你的心里，你的'塔希提'就在你心里，你的心就是丰饶而慷慨的大自然。"或许还可以再补充几句：您的"伊甸园"就在您的心里，您的"拉奥孔"就在您的心里，您的"红石竹花"和"金玫瑰"，您的肖邦和贝多芬……也都在您的心里，您的心就是一整部与命运抗争，与丑恶较量的艺术史、思想史。

罗飞先生，您的作品从数量上讲，不能算多，甚至应该说，太少了一点。但请您相信，真正的文学史、艺术史，从来不以数量的多寡作为选择的标准。时间的风景最终所摧毁的，也只会是那些迎风媚俗的诗，而真正的好诗，即便是那么少、那么少，也终将经受住一切检验而留存下来，并且流芳千古而不朽。

信手写下以上文字，未必准确，聊表我心中的感受，以此纪念我对《红石竹花》的尊崇与喜爱。

　　曾卓老师近日已经出院，病情经过手术得到了控制。体力正在恢复，不过他精神尚好，急着想写作。请您释念。遥祝暑安！

徐鲁　敬上
一九九八年八月十四日

激活与贯通

眉睫君几乎是以一人之力,在短短两三年内,组织出版了名为"海豚学园"的十部厚厚实实的儿童文学批评与学术论著。这些中国儿童文学评论文献的汇编与辑笺,其嘉惠当下学林、泽被后之来者的意义,自不必说了,眉睫之功伟矣。这十部著作,目前还有蒋风《我与儿童文学七十年》和《吴研因论儿童文学教育》尚未见到。最新读到的一部,是朱自强先生惠赠的《现代儿童文学文论解说》。

现在人们都习惯把中国"现代"这段历史称为"民国时期"。这个时期的中国儿童文学文论,今天看来也真是"阵容相当奢华"。仅从朱自强以编年体的方式选入本书的三十七篇评论文献的作者来看,就有鲁迅、周作人、孙毓修、郭沫若、叶圣陶、茅盾、严既澄、郑振铎、丰子恺、赵景深、冰心、吴研因、老舍、张天翼、胡风、陈伯吹、范泉等，几乎都是文坛耆宿和大家。这个阵容也显示了民国时期人们对儿童文学——其实也是对儿童、对人的解放、对人类的童年和未来、对国家和民族的未来……诸如此类问题的关注与重视。遥念故人，应知羞惭。拿这个阵容对比一下现在的儿童文学研究队伍和状况，真是"教我如何不想她"！

民国时期的长长短短的儿童文学论述文献，也可谓彤云密布、浩如烟海吧。"疑此江头有佳句，为君寻取却茫茫。"选什么，选出之后又怎么来解说，这对选家和解说者来说，是一个大考验。本书所选三十七篇文献中开端的一篇，是孙毓修发表在一九〇九年二月《教育杂志》上的《〈童话〉序》，此文虽然不长，却是目前史料中可以判断的中国儿童文学文论史上的第一篇文献。文中的"童话"也并非我们当下所说的、作为儿童文学的一种文体的"童话"，朱自强认为，那"几乎就是儿童文学的代名词"。三十七篇文献中压卷的一篇，是陈伯吹发表在一九四八年四月一日《大公报》上的《儿童读物的检讨与展望》。颇有意味的是，此文的结尾，引用了雪莱的诗歌名句作为收束："冬天已经来了，春天还会远吗？"朱自强在关于此文的解说的结尾，也做了诗意化的呼应："……本书收选的最后一篇文论，它发表于一九四八年，再过一年，中国的历史将翻到新的一页，而儿童文学也将步入它的下一个历程。"这几乎是一个完美的巧合，就像诗人威廉·布莱克的诗句所写的："你寻找那美好的宝贵的地方，在那里旅人结束了他的征途。"

三十七篇文献，正好显示了整个现代儿童文学史论的脉络和轨迹。

然而，这部《解说》的学术价值还不仅在于此。作为儿童文学批评史论的另一种写法，这部书还在擦亮陈旧史料的光芒、激活文献的活力与价值、贯通和疏导现当代儿童文学研究的源流诸方面，都做了最大的努力。朱自强在本书《导言》里点明了他撰述此著的目的之一就是："我没有仅仅局限于对选入的文论本身作读解，而是联系与此相关的其他论述，特别是有意将其与当代儿童文学理论研究联系起来思考、辨析，使这本书的'解说'具有一定程度的打通现代和当代儿童文学理论批评史的价值功能。"例如他在解说冰心的《〈寄小读者〉四版自序》时，不仅梳理出了一条从现代到当代的冰心作品批评小史，而且举出当代的几位研究者对于冰心的评论文本为例，再次提出了"长期以来，一些中国儿童文学史研究者在美学范式维度高估《寄小读者》，将其视为儿童文学的艺术典范"的看法；进而对有的研究者提出的二十世纪八十年代涌现出来的一批具有"探索性"的作品，如《鱼幻》《长河一少年》等，"与《寄小读者》的博大情怀有着某种血缘上的联系"的说法，表明了自己的意见，认为这实际上是冰心作品里的成人"悱恻思想"的一种泛化，"偏离了'儿童本位'这条大路"。这样的解说，就带有"贯通"的意思。

除了"贯通"，还有"激活"。本书几乎每一篇"解说"里，都多多少少有一些对儿童文学批评史论的"再发现"。朱自强在《导言》里也说出了他撰述此著的另一个目标："通过选文和解说,我力求发现并呈现中国儿童文学理论批评史研究上的重要问题。"例如,他在解说周作人的《儿童研究导言》《儿童的文学》等文献时,对周作人"儿童本位"论的再认识:"我认为,周作人的'儿童本位'论是在借鉴西方思想、理论资源的基础上,对中国以成人为本位的封建文化反思和批判的结果,其基本部分还是中国的与他自己的,是他遵守'物理人情'的结果。"解说的同时,也对当代儿童文学理论研究者在这个问题上"失之探究,多有不识"的例子做了辨析。其中有些"解说"已达万字以上,不仅引出了新的研究可能,而且已然呈现了新的学术成果。恕我对这些学术问题缺少研究,只能雾里观花,看看这些被激活的热闹而已。

朱自强先生是十分注重小学语文和文学教育的,出版过《小学语文文学教育》《朱自强小学语文教育与儿童教育讲演录》和《小学语文教材七人谈》(与人合著)等。他在《解说》里选收了一篇发表于一九二三年的《儿童文学的哲学观》,作者戴渭清是当时江苏无锡女师附小的一名小学教师。他在详细辨析了这篇文章的学术意义之后,又从作者的特殊身份而联想到周作人在《儿童的文学》的讲演里提到的"小学校里的文学"的说法,然后明确指出:"儿童文学的发生,实与小学教育密切相关。"我觉得,这也是对史料的贯通与激活。

虽然是一部对历史文献做辨析和解说的书,但是全书洋溢着饱满的学术活力和兴致勃勃的论辩激情,几乎每一篇解说里,都有具体的论辩对象与学术论点,做到有的放矢。这也好比在一部以史料为主的学术著作里注入了能够"起死回生"的

"活水",使全书显得引人入胜般的"好看"。朱先生做学问,既能"衡大",亦肯"识小",即既能从大处着眼,意在建构一个宏观的、又是"自身的儿童文学学术系统",同时又有着抽丝剥茧般的细致和耐烦的功夫,许多解说里,捎带会对史料原典和后来人的学术文章中的一些错讹和失察之处做出勘误和考证,也显得活泼有味。

二○一五年七月二十日,武昌梨园

慢慢读，欣赏啊！

　　向来以为，我还算是一个比较喜欢读书的人，平时几乎没有什么别的爱好，唯读书写字而已。而且我也一直在期许自己，也能像博尔赫斯一样，"一生都在书籍中旅行"，甚至也曾幻想过，假如真有所谓来生与天堂，那么，我也希望天堂应像一座图书馆的模样，以便更多喜欢读书的人到了那个世界后，仍然有个理想和惬意的去处。

　　然而，却从来没有认真地去想过，自己究竟会不会读书。读，还是不读？自然是一个问题；会读，还是不会读？更是一个问题。读了王先霈先生的《文学文本细读讲演录》一书后，我感到，这个问题愈加显得紧要。我甚至还认为，这也不仅仅是我一个人所面临的问题，而是一代人——不，是身处当下这个浮躁、匆忙和越来越粗浅化的生活和阅读境遇中的几代人，所必须面对的一个迫在眉睫的问题。

读书，曾经是多么美、多么好的一件事。正如这本书的开头部分所描绘的，在古代中国儒生那里，读书生活是何其诗意化：把卷沉吟过二更，依然有味是青灯；读书之乐乐何如，绿满窗前草不除；读书之乐乐陶陶，起弄明月霜天高。读书滋味，如此隽永，便不难想象，那种阅读必定是从容咀嚼与品咂，高歌低吟，百读而不厌，而绝非狼吞虎咽，暴殄天物，如今日的"饕餮一族"。

《文学文本细读讲演录》原本是这位老教授在大学里所主持的一门"文学文本解读"课程的讲课记录。虽非讲堂上的"原声回放"，而是有所增删和综合，但也保留了些许演讲的现场感，因而使整本书带有一种侃侃而谈的亲和力与引人入胜的循序渐进之美。对一般文学阅读者和读书爱好者而言，这本书又实在是对古今中外的一些最好的文学阅读方式、最纯正的阅读品位和最成功的读书范例的重新寻找与发现。当原有的文学阅读之美，被一种越来越粗率和浮浅化的阅读风气所破坏，所遮盖，古老而纯正的文学阅读传统，甚至有可能"失传"的时候，我感到，作者是在用这样一本书，来做着擦拭、修复、重建和呼唤的努力。

作者选用了大量的例证，对中国汉代经生们微言大义和穿凿附会的学究式的细读，六朝文人以"会意"为目标的"印象主义"式的细读，明清学者的评点式的细读，分别做了具体的描述。这实际上就是从纵的角度，对中国历代最好的读书方法的一个勾勒。其中也对那些迂腐、繁琐的读书方法，对那些偏执、逼窄的读书歧途，给予了反拨、批评和纠正。在名为"词义的诠释和语感"那一讲里，作者从最基本和最琐碎的修辞、断句、词义、名物、语境、语感、韵致和叙述式等细微处入手，讨论细读的可能与必要。作者赞成，文本细读应从"咬文嚼字"开始。他举了很多例子，其中提到了小说家汪曾祺。汪曾祺是文章大家，不仅凭自己的小说为后人留下了语言研究的资源，他自己对文学文本的字词、语言本身就琢磨和研究得很细，写过许多只有在细读文本之后才能获得的研究文章，有时甚至仅仅为了一个字、一种名物，而写成一大篇内容扎实和清新可读的文章。

然后，作者分别讲的是中外诗歌文本、小说文本、散文文本和戏剧文学文本的细读方法。讲演者是用一个个最具体的文学文本的细读范例来发言，来彰显那滋味各异、姿态万千的文学阅读的奥秘，因此，每一堂课，又实在是最美的和趣味横生的文学精华品赏。古今与中外，经典与流行，传统与现代，巨著与短章，各种流派、各种风格和类型的文学文本片段，作者都能信手拈来，左右逢源，如星珠串天，处处闪眼，顾盼有致。

读完这部讲演录，我的理解是，作者所要倡导的"细读"，当然有杜甫所说的"读书破万卷"的意思在焉，但也不尽如此。杜甫所强调的似乎更在于读书要博。倒是朱熹所说的"读书譬如饮食，从容咀嚼，其味必长"，与细读的意思更为接近。由此我想到，曾有人撰文谈到一个故事："文革"后期，一本雨果的《九三年》，曾在一些知青点里辗转流传，被许多人借阅过，一本书竟然变得卷角弯脊、惨不忍睹，甚至最后不知所终了。书的原主人于是写道："我这一生，只看见过，也只相信这一本《九三年》，是真正被人看没了的！"尽管如此，我想，这也未见得是"细读"的结果，可以想象，在那样一个充满书荒的年代，那么多人争相借阅一本书，或许都是如饥饿的人扑向面包一样，"饕餮"式的阅读，可能更符合实际一些。而同样是把一本书读"破"，流沙河先生曾说到，他最喜欢读的一本《新华字典》，第一次买回的一本硬是被他读得支离破碎了，就又去买了一本回来。可是不久，第二本又被读得面目全非了，只好再去买回一本。我相信，流沙河先生的阅读，肯定是一种"细读"。我们从流沙河的文章里可以感受到，他确实也是那种读书心细近乎剥茧抽丝之人。他读《论语》，读《庄子》，读余光中，都是细致到必须探究和坐实了每一个字词和名物的本原的地步。和汪曾祺一样，流沙河也是一个可进入"文学文本细读"讲堂的最佳例子。

这样的例子当然还有很多。传说中茅盾的能倒背《红楼梦》，钱锺书先生的《管锥编》和《谈艺录》，残雪读但丁、读卡夫卡、读莎士比亚，王安忆的小说讲稿，还有先霈先生所举出的张爱玲细读《红楼梦》而著成《红楼梦魇》，都是极其典型的"细读"例证，他们的成果也都是"细读"之后的收获。

细读的实质，并非搞繁琐无趣的文字校勘，也不是进行枯燥的词汇量统计和计算机式的数据分析，而是变无趣为有味，变苦读为悦读，恢复文学阅读的诗意化，在领略文学文本里的美好与优雅的同时，也享受阅读过程的美丽与优雅。

　　据说，阿尔卑斯山谷间有一条大路，两旁长满黑杉和杜鹃，景色极美，路旁竖立着一块巨幅广告牌，上面写着这样一句话，提醒游人："慢慢走，欣赏啊！"这句话曾被美学家朱光潜老先生在他的《谈美》一书里引用过。现在，只需改动其中一个字，即可作为《文学文本细读讲演录》的一句导语："慢慢读，欣赏啊！"

七月书旅

"描述当头,观点也就在其中了。"这句话出自文化学者江晓原先生的一篇文章。他有一个观点我很赞成:多少年来,我们习惯于空疏浮夸的学风,喜欢徒托空言,大发议论,似乎只有在文章或著作里提出了所谓"自己的观点"——不论它们是平庸的陈词滥调,还是卑之无甚高论的故作惊人之言——才算是具备了"学术性"。对此,江先生认为,其实,"描述"也有学术价值,"描述当头,观点也就在其中了"。

把《幸会幸会　久仰久仰》当成一本书话散文集来看,固然没有错,因为依照"书话的散文因素需要包括一点事实,一点掌故,一点观点,一点抒情气息;它给人以知识,也给人以艺术的享受"的标准来看,这本书可谓都具备了。然而在我看来,仅仅把这本书视为一本书话集,似乎还不够恰当。按我的理解,书话文章,大致带有闲适和玩赏的意味,而这本书里的大部分文章,尤其是作为全书主体部分的十几篇"七月书旅",却并非闲适和玩赏的文字,而是带着作者强烈的感情投入的寻找与发现之作。

"七月派"诗人们,是中国现代文学史和思想史上受尽凌辱和苦难的一群人,是忍受着灵魂的救赎与自救的煎熬,从血泪中走过来的那一代知识分子悲剧命运的体现者。在这些蒙难者的文学世界和精神领域里,有着更多的沉重与苦难的遗产,因此,"七月书旅"也注定是一次次"文化苦旅",决非一般的书话文字所能担当和承受。然而作者却并不是要对这些幸存下来的"七月派"诗人的命运和遭际空发议论。他要做的只是"描述"。从寻访他们的文踪书影入手,进而寻访到这些幸存者的身影,进入他们的书房和内心,并且把自己的寻见和感受付诸描述。最终,读者们所看到的,是这些幸存者鲜为人知的故事和目前最真实、最具体的生存状态和精神画像。《书祭路翎》(路翎篇),《受伤的旗》(孙钿篇),《所以切不要悲伤》(绿原篇),《活着就是证据》(罗飞篇)……对于读者而言,还有比向他们提供这样一篇篇真实可信、清清楚楚的文字更好的写作吗?

试看这样的文字:"望山居的客厅大小适中,在白炽灯的照耀下,充满暖意。一面墙上悬挂着已故七月派诗人邹荻帆手书小令和邹夫人的水墨牡丹;一面墙上悬挂一幅草书,写着'心事数茎白发,生涯一片青山。空林有雪相待,古道无人独还'。褐色的沙发茶几,已然摆着两个玻璃小钵,装满橘子和花生。橘子上泛着油亮的光泽……先生细心地关照从寒风里走来的我们:'今天寒流来了,你们恐怕要加衣服。'……"(《跃动的夜》)

"开门的是酷似胡风的张晓山先生。客厅几个大书柜里,好些书名都似曾相识。书柜下方置两只布套沙发,中间是一个木质茶几,墙一角立着胡风的雕像,静静地看着这间客厅。另一角是一张桌子,大概是梅志先生工作的地方,可以看见桌上放着几十封信件。这是胡风曾经生活过的地方,好像他的气场还笼罩着这里的每一寸地方。而就是这个家庭,承载了中国在一九五五年的政治、文化、思想和精神的重大苦难。我坐在沙发上打量客厅摆设的时候,渐渐感觉到一种凝重……"(《感受苦难》)

用江晓原先生的观点说,任何文章,绝对"客观"的描述其实是不存在的,在描述对象的取舍、描述语言的选择等方面,也必定会有某种"观点"的介入。除了这一组"七月书旅",这本书里还有一些文章写到了作者与吕剑、流沙河、高莽、戴文葆等文化名人交往的故事;作为一个爱书者,自然也少不了要写到他在天南地北访书经历中的书人书事,如《呼兰书事》《长春书事》等。这些都是他的"流动的盛宴"。"七月书旅"在感情上难免有着"苦旅"的投入,而南北访书的经历却是余光中先生某篇文章里所谓的"甘游"过程。一个真正的爱书人,对于书人书事的寻访和描述,总会是兴致勃勃、如数家珍的。这类文章,不仅显示了作者文字上一向的"信达雅"

特点,重要的是,字里行间传达着一种真诚的文化牵念和人道情怀,显示着一种善良正直的道义感和生命信仰。正是因为这份情怀,使得黄成勇的文化寻访"往往也带着淡淡的诗意",进而也给了读者一份挥之不去的牵挂和感动。

这本书也充分体现了山东画报版图书一贯的图文并茂、版式疏朗,朴素而清雅的风格。其中由著名作家和画家高莽先生为书中人物所画的十数帧肖像,以及作者自己选配的一些难得一见的旧版书影,不仅丰富了这本书的文化含量,也为爱书的读者增添了摇曳多姿的书趣和阅读情调。

故乡文脉的守护者
——《韩乃桂文集》序言

童年和少年时代,我是在故乡即墨县东皋虞的一个小山村(今属温泉镇)里度过的。记忆里最深刻的是,祖父时常给我讲一些有名的故里人物故事,讲的最多的是有个叫李宝初的大财主,平时生活上极其节俭,如何如何会过日子,所以后来才能成为即墨有名的大财主。祖父以李宝初为例子,作为教育我们这些后辈小子的"励志人物",同时也把这种教育落实到了日常生活细节中,比如,吃熟地瓜的时候,从来不允许我们剥皮,一定要连皮带蒂把一起吃掉;吃窝头的时候,一定要用另一只手接着可能掉落的渣渣,以便吃掉这些渣渣,一点也不能抛撒;无论是冬天还是夏天,在炕席上睡觉时不能穿着衣服睡,以免磨损了衣服……

此时，拜读着韩乃桂先生所撰的《即墨走笔》《听琴耕读堂》等著作，童年的往事又重临心头。一些留在记忆里的故里人物逸事和乡土风物、风俗景象，一些早已变得陌生的方言俚语，又一一浮现在眼前，令我眼睛湿润，心里感觉到一种无法言说的亲切与温暖。我知道，韩先生的书给我带来的不仅是温润的乡情和乡思，还有一种深深的、剪不断理还乱的乡愁。

韩乃桂先生是我家乡的一位德高望重的文化前辈，一位毕生从事即墨历史和乡土文化整理与研究的方志学家、文史专家，对即墨方志重修和乡土文化的整理与研究，贡献甚伟，可谓惠人多矣！他曾两度出任《即墨县志》主编，经他主持编辑和重修的《即墨县志》，获得过全国地方志优秀成果一等奖。这不仅是韩先生对家乡做出的不朽的文化贡献，也是即墨这座拥有七千多年人类活动史、两千三百多年开创史和一千四百多年建城史的历史古城的文脉再续与文化谱系上的华丽转身。

几乎每一座城市、每一方乡土，最终都会选择出一位或几位优秀的作家和学者，作为她的履历、精神和文化上的"代言者"。这些作家和学者，必须能够悉心洞察、谙熟和理解，并且揭示这座城市、这方乡土的全部秘密与命运，能够为世人讲述和诠释她的前世今生的沧桑故事。有人也把这样的作家和学者称为这座城市、这方乡土的"通灵人"。他们能够给后世子孙、给未来的读者留下一张丰富和准确的故乡人文地图，让他们从中去感受到自己的城市和乡土的历史沧桑与精神气息。于是，我们就有了帕慕克和他的伊斯坦布尔，乔伊斯和他的都柏林，狄更斯和他的伦敦，雨果、普鲁斯特和他们的巴黎，卡夫卡、米兰·昆德拉和他们的布拉格，老舍和他的北京，沈从文和他的凤凰城，白先勇和他的台北，陆文夫和他的苏州，张爱玲、王安忆和她们的上海，陈忠实和他的"白鹿原"……

毫无疑问，韩乃桂先生就是即墨这座古城和这方乡土的"代言者"与"通灵人"。假如一座古城、一方乡土能够因为有人洞悉、谙熟和理解她的前世今生，并且维护和颂扬她的历史、功德与文脉而对人类有所感激的话，那么，即墨这方乡土首先应该称谢的人，就应该是韩乃桂先生。

我因少年时代就离开了自己的故土，大半生在异乡生活和工作，所以故乡对我而言，怀想的感情多于谙熟的程度。我很钦羡韩先生，当然还有身边的不少作家朋友，他们拥有自己的乡土，所写的作品也蒙受着乡土文化的润泽，流淌着乡土文化的血脉。韩先生毕生献身于即墨方志的梳理、研究和重修工作，同时又勤奋著述，在文史随笔、风物散文、山水名胜游记、民俗和名物考据、旧体诗词、地方文献研究等方面，都留下了自己的著述。

韩先生的著述，几乎全部是以即墨的历史文化为背景，以发生在即墨这片古老的土地上的人事为对象，以千百年来的史志文献为依据，加上自己的田野考察、考证与见闻，然后以平实和质朴的文字，去钩沉一些事件的来龙去脉，发现一些人物的命运遭际，揭示一些文化风俗的转移秘密。当然，韩先生毕竟还是一位有着传统文人气质、而且擅长旧体诗词创作的诗人，所以他的作品里也不免生发一些有关历史沧桑和文化兴衰的慨叹与乡愁的咏唱。仔细品味，即使从他笔下的那些文献和掌故上的甄别与考证文字里，也能感觉到他的文心所在：其中固然有为存史和修志上的精准而负责的目的，但仍然离不开对自己的乡土的一种敬畏、迷恋和爱护的情怀。

美国汉学家宇文所安在他的《追忆：中国古典文学中的往事再现》里说到过的一个观点：我们应该注意到，那些往事的"来龙去脉"，也是一种事件秩序中的某些阶段，它们首先产生的是往事给人带来的心旌摇荡的"向往之情"；而要真正领悟过去，就不能不对文明的延续性有所反思，思考一下什么是能够传递给后人，什么是不能传递给后人，以及在传递过程中，什么是能够为人所知的。"每一个时代都念念不忘在它以前的、已经成为过去的时代，纵然是后起的时代，也渴望它的后代能记住它，给它以公正的评价。正在对来自过去的典籍和遗物进行反思的、后起时代的回忆者，会在其中发现自己的影子……"

宇文所安的观点我是十分赞成的。每一个时代都会向过去探求，在其中寻觅和发现它自己的踪影。这就是所谓的"文脉"。韩先生显然深谙此道。即墨的城邑、山水、历史、文化所构成的独特韵味，深潜在他的骨子里，流贯在他的血液和气质里，也浸润在他每天的工作、生活和写作中。他的整理即墨方志文史资料，做点校、整理、考证、重述等一系列工作，一方面为后人构建了一个相对完整和准确的文献基础，另一方面，其实也是一种真挚的家国情怀使然，是为自己更多更深地了解即墨故乡、报效桑梓故土找到了一条途径，找到了一种生命的价值，甚至说，找到了一种与自己的知识谱系、学养、志趣、乡土情怀最相契合的生活方式。这在他的许多借物咏志、夫子自道般的诗篇里,都有所表露,喜欢他的文字的读者,自当会意。正如韩先生为《听琴耕读堂》一书所撰自序里的那几句话:"吾爱吾国;吾爱吾乡;吾爱吾家;吾爱吾友;吾爱吾生;无非如此……"

从中外文化史上的许多作家、艺术家身上,我们经常能观察到一种所谓的"永不满足的复合声",正是这个"复合声",以及由此产生的一种永不疲倦的热情和独特的创作与著述,会让这些作家和艺术家显得独特和不可取代,读者们也会因此而热爱这些作家和艺术家。而同样也是出于这个原因,某些作家毕生都在"重复地写着同一本书"。古老的即墨,无疑就是韩乃桂先生毕生都在重复地书写着的"同一本书"。韩先生的著述,不仅能使当下以及后来的继续从事方志研究、乡土文献整理和喜欢对来自过去的典籍与遗物进行反思的回忆者,在其中发现自己的影子,同时,我相信,他的书也将使每一个爱即墨者、爱故乡者,都能够知悉和铭记故乡的文脉传统,进而转向过去,去打捞、淘洗、追寻和擦亮一些美好的东西,自觉地予以尊重、珍爱、守护和传承,使故乡的精神薪火绵延不断,并且照亮我们日新月异的"新即墨"。因为只有这样,只有这种故乡文脉和精神上的自觉的衔接与传承,才能构成一部真正的、贯穿古今的城市与乡土文明史。

帕慕克曾说,"伊斯坦布尔就是我的命运",这座城市将是他的"终极主题"。即墨这座古城、这方乡土,也是韩先生的命运和一生的"终极主题"。现在,韩先生的生命已成"广陵散",融进了故乡大地和历史之中;他的全部著述,也将成为即墨大地上的一笔文化遗产;而他热爱自己的故乡、竭尽毕生心力与才能报效桑梓故土的赤子精神,将是永恒和不朽的。总有一天,后来者也会像当年我的祖父给我讲述那些带有励志意义的故里人物故事一样,给更后来的一代新即墨人,讲述一代乡贤和方志学家韩乃桂的生平故事。

  佛家有言:能够奉献自己、惠及他人、利益众生,方为"作善知识"。韩先生的一生,也是"作善知识"的一生。承蒙即墨市委宣传部万太飞先生、韩乃桂先生的夫人杜绍芬大姐邀约,谨以上述文字,为《韩乃桂文集》序。

二〇一六年六月五日,写于武汉东湖梨园

芦苇的风骨
——赵丽宏散文谈片

如果说,中国新时期以来的散文创作,是一支内容繁复、音色瑰丽的抒情套曲,那么,赵丽宏就是其中出色的"男中音"。他的音域宽广而浑厚,每一类题材的散文,在他那里都是一个独特的声部。

谈论赵丽宏的散文,我相信每个人都能找到各自不同、互不重复的话题,并且脱口列举出许多读者耳熟能详的散文名篇。至少在我的记忆和印象里,一提到"赵丽宏"这个名字,我马上就会想到诸如《小鸟,你飞向何方》《青鸟》《诗魂》《炭火,燃烧在雪地里……》《温暖的烛光》《日晷之影》等散文名篇;想到湖畔(在他的书中,"湖"字是用另一个不太常见的字代替的,即左边一个三点水,右边一个"九"字,读作

"轨",亦读作"九",一般用作湖名或泉水名)、芦苇、荒滩、鸥声、旷野、合欢树等来自他的故乡崇明岛的自然风物;想到他的《自新大陆》《莫扎特的造访》《大师的背影》等一系列音乐散文。

他是当代中国作家里少有的几位爱乐人之一。他用丰富、绚烂的散文语言解释和描绘不同风格的音乐,抒写他对音乐和音乐家尤其是西方古典音乐的理解、热爱和陶醉,出版过《闻乐札记》等多本音乐散文集。他对古典音乐的理解和热爱的程度,我觉得已非"发烧友"这样简单的称谓所能涵盖。在我的心目中,他和他的朋友、另一位散文家和爱乐人肖复兴一起,堪称音乐散文写作领域里的"双子座"。他们南北互动、并驾齐驱,在文学和音乐之间打开一条美丽的通道,形成了一股"爱乐"和"普乐"的力量。

据说,门德尔松有过这样的观点:一首我喜爱的乐曲是不能用文字来说明的,这不是因为音乐太不具体,而是因为它太具体;德彪西也有类似的表达:音乐只为聆听而存在。言下之意是,任何文字的解说对于音乐来说都显得多余。然而,阅读了赵丽宏大量的音乐散文之后,我对门德尔松和德彪西们的说法产生了怀疑。我觉得,对于许多像我这样不懂音乐、尤其对于古典音乐不得其门而入的读者来说,他的那些"绘声"散文——无论是探寻音乐家创作灵感、激情的秘密和命运根源,还是描绘西方音乐名曲意境和艺术风格——都是最好、最生动的"音乐启蒙"。他以心灵和思想的方式进入对音乐和音乐家的理解。而要创作这样的散文,如果没有著名爱乐人辛丰年先生所说的那种美好和高尚的"普乐"理想,没有歌德所说的那种高贵的、"高到非知解力所可追攀"的爱乐精神,则是不可能完成的。我相信,关于赵丽宏的音乐散文,会有一些既懂文学、又懂音乐的艺术评论家来做专题研究的。这些音乐散文将不唯是散文写作史上的奇葩,也可能是音乐批评领域里最美丽的果实之一。

像许多同龄人一样,赵丽宏最好的一段青春年华,并没有留在他童年和少年时代所生活过的大上海,而是被驱赶到了他的故乡崇明岛那片"岁月的荒滩"上。在那里,在那片布满野风鸥声的大地上,他开始用自己的双手去证明"劳动创造世界"的真理;他开始用自己青春的身躯,去经受来自大自然的和他们那一代人的命运的暴风雨的吹袭和洗礼。饥饿、劳累、艰苦、孤独、郁闷……大凡孟子所言的饿其体肤、劳其筋骨、苦其心志之类的人生课程,崇明岛一堂课也没有给他拉下。更重要的是,就在那片荒滩旷野上,在那漫漫的、寒冷的长夜里,在一盏简陋的、微弱的油灯下,他开始寻找着和呼唤着普希金、别林斯基、雪莱、雨果、罗曼·罗兰甚至德伏夏克。

"我把灯芯挑得长长的,灯火,毕剥毕剥跳动着,成了一只兴奋的眼睛……在它的微光里,我尽情地驰骋着自己的情感和想象,我的目光透过那些破旧的书页,飞出我的草屋,看得无比遥远……"是的,这就是朱学勤先生曾经贴出"寻人启事",所要寻找的那些"思想史上的失踪者"中的一个了。在那样的年代里,他们都散落在这样简陋和孤独的、处在风雨飘摇中的知青小屋里,隐藏在那些只有天上的流云和漂泊的飞鸟为伴的边疆塞外、偏僻山乡和孤岛荒滩上。一册《岛人笔记》，一册《在岁月的荒滩上》，就是赵丽宏艰苦、孤独、迷茫的青春岁月的见证。而正是从这种孤独、迷茫的日子里，我们也看到了他这一代人的思想的萌芽，以及痛苦的怀疑、追问、反思、忏悔、觉醒和更加艰辛的寻找的开始。直到一九九五年，赵丽宏写出了诸如《遗忘的碎屑》这样沉重的、多角度地反思"文革"的长篇散文之后，这种追问、反思和忏悔，仍然也没有结束。我想，这可能将是赵丽宏他们这代作家身上永远无法卸下的、最沉重也最具道德和精神力量的十字架。

在我的记忆里，赵丽宏有一首写狂风中的芦苇的诗，多年前在我迷恋诗歌的那些年代，曾给过我极大的震撼，有一阵子我一直视他为"歌唱芦苇的诗人"。但此刻我一下子却没能找到这首诗的原文。不过，他在散文里也多次写到过芦苇。《日晷之影》是赵丽宏的又一篇散文力作，此篇中有几节文字是献给芦苇的挽歌和颂歌：

在一场暴风雨中，我目睹了芦苇被摧毁的过程。也是风，此时完全是另外一副面容，温和文雅不知去向，取而代之的是疯狂和粗暴，撕裂的绿叶在狂风中飞旋，折断的苇秆在泥泞中颤抖……这是一场实力悬殊的战争，是强大的入侵者对无助弱者的蹂躏和屠杀。

而当暴风雨过去之后，世界重新恢复了平静，狂风摇身变为微风的时候：

> 芦苇无语。倒伏在地的苇秆上，伸出尚存的绿叶，微风吹动它们，它们变成了手掌，无力地摇动着，仿佛在表示抗议，又像是为了拒绝。

在赵丽宏的笔下，芦苇是一种信仰、意志和力量的化身，也似乎是一代人的命运的象征。它们也许是脆弱无助的，但是它们有自己的抗争与拒绝，有自己默默吹奏出的歌声。它们以奇迹般的再生证明着生命的坚忍和顽强。它们是帕斯卡尔式的"会思想的芦苇"。这就是芦苇的风骨。

假如有必要给一些散文家的作品选择一个具体的形象，作为识别的标志，那么，我觉得可以选择"芦苇"作为赵丽宏散文的"代言形象"。赵丽宏的散文正像一株株、一丛丛生长在大地和狂风之中的、有着自己的风骨的"会思想的芦苇"。

心灵的芦笛

先说点题外话吧。多年前,香港作家周蜜蜜女士托人捎给我一份礼物,一盒精致的西式文具,其中有一件小文具,当时我琢磨了半天,也不知道是做什么用的。看上去像是一把雅致的裁纸刀,但又没有刀刃;说是一把小锥子吧,分明又是扁平形状的。后来总算弄明白了,原来是专门拆信封用的——就是那种西式的、背面有着三角形封口的信封。可惜的是,平时连中式的信封都很少见了,一年到头压根儿就收不到几封书信,遑论西式信封。因此,这件精致的小文具,一直派不上用场,真是白白辜负了蜜蜜女士细致的心意。最近收到了赵丽宏先生惠赠的两部新书,一部《赵丽宏散文》(中华散文珍藏版),一部《躲进书里》("全民阅读"书香文丛),后者还是毛边本。

毛边本阅读起来实在是麻烦，偶尔收到毛边本，我都会束之高阁，有点暴殄天物了。但丽宏兄的这本书我很想读一读，于是就需要边裁边读。这时突然想到了蜜蜜送我的那把拆信封的小用具，找出来一试，还真是又顺手又好用，就像是为读毛边本书专门准备的一样。

《躲进书里》收录赵丽宏有关作家与书的散文近四十篇，分为上、下两辑，上辑多为回忆自己与文坛前辈和文友之间的交往故事；下辑则是一些读书散文、序跋和书事、文事、艺事的散谈，其中谈得最多的是他所热爱的俄苏文学和拉美文学。

丽宏少年和青年时代即酷爱阅读，在二十世纪七十年代末那些"雨夹雪"的日子里，当不少同龄人还处在蒙昧与迷茫状态时，他已大梦初醒，伴随着大地上早春的脚步，走出"十年浩劫"的噩梦，而且才思飞扬，凭借自己那支清丽、明亮的诗歌和散文文笔，迅速进入了八十年代初期的文坛。更重要的是，丽宏为人谦虚、诚恳，甫一进入文坛，就受到许多前辈大家的嘉纳和爱护。他在这本书中写到的前辈大家就包括冰心、巴金、艾青、柯灵、秦牧、辛笛、陈敬容、徐开垒、曹辛之（杭约赫）、任钧、袁鹰等。他在书中回忆了与他们交往中的亲历亲见，为文坛留下了不少珍贵的、可信的史料。老作家柯灵的散文写得出神入化，但是究竟好在哪里呢？丽宏在《应是屐痕印苍苔——悼念柯灵先生》一文里，不仅记下了柯灵数篇名文的诞生缘起，对柯灵散文的艺术魅力，也写出了自己独特的发现："他在散文中对汉字的运用，可以说是独树一帜，既有对古文字的恰当的继承和使用，也有对现代汉语的革新和创造，千百年古典陈词，在他的笔下锈斑剥落，推陈出新，显露出现代的光华，这是大师之作为。这一点，在当代中国作家中，无人能出其右。"这段评价文字，真是使我对柯灵的散文之美有了豁然开朗的感受。散文家徐开垒先生是赵丽宏文学上的引路人，开垒先生去世后，丽宏写出万言长文《恩师——怀念徐开垒先生》，不仅详述了两人亦师亦友的情谊，让我们感受到了开垒先生作为一位散文名家和编辑名家的高尚品德和人道情怀，同时也给文学史家提供了有关巴金的《一封信》、卢新华的短篇小说《伤痕》等作品问世前后的一些真实状况。

除了这些回忆文坛名家的散文，书中还有数篇散文，抒写的是对书的礼赞、对文学的热爱。他那篇被选入中学课本的散文名作《旷野的微光》，写的就是当年在崇明岛插队落户时，在风雨扑窗的偏僻乡野的夜晚，伴着一盏昏黄的小油灯夜读的情景。从《躲进书里》一篇中，我们也看到了在过去不同年代里，对他的心灵、生活、写作产生过深远影响的一些书，例如《野草》《飞鸟集》《瓦尔登湖》和《渴望生活》等，是如何让他如尝禁脔、秉烛夜读和爱不释手的。在《永远的朋友》一文里，他表达了自己对书的深深感恩之情，他说："我无法想象，假如没有书，世界将会是何等的荒凉，假如没有书，我的人生将会是何等模样。"文中写到一位年老的女作家的故事：在她的晚年，几乎所有的朋友都离她而去，唯一能给她带来一点安慰的，是几本她爱读的书。她在饥寒交迫中死去，却死得很平静，因为直到弥留之际，她还在读着手中的书。"在黑夜里，书是烛火；在孤独中，书是朋友；在喧嚣中，书使人沉静；在困惫时，书给人激情。……有好书作伴，即便在狭小的空间，也能上天入地，振翅远翔，遨游古今。漫长曲折的历史和浩瀚无尽的宇宙，都能融会于心，化作滋养灵魂的清泉。"这是作者对作家和文学的絮语，也是作者对书和人类文明灯火的礼赞。

丽宏的书中还有几处记述自己与普通读者交往的细节，令人过目难忘。例如有一位名叫周贤能的读者，喜欢丽宏的散文，也读过丽宏写的不少音乐散文，所以有一次得知丽宏正在书店与读者见面，他就特意找出自己收藏的一本珍贵的民国版毛边本《音乐的解放者悲多汶》，还在此书扉页上抄下了一段话，带来送给丽宏："我们这些精神上无限而生命有限的人，就是为了痛苦和欢乐而生的。几乎可以说：最优秀的人物通过痛苦才得到欢乐。"丽宏特意为这本书题跋："读这本书，不仅使我了解贝多芬，也使我不断重温着读者赠予我的美好情谊。"《普希金抒情诗集》这本书，是另一位老年的读者赠送给丽宏的，这位读者还随书寄来一封信说："在晚报上读到你的文章，知道你喜欢普希金的诗，今寄上《普希金抒情诗集》，送给你，请查收。"如此温暖的书缘，又使我不禁想到《查令十字街84号》里读者与书的动人故事，这样的故事，不也是作者用心吹奏的芦笛所引来的美好回音么？

二〇一六年六月十八日，东湖梨园

朗吟飞过洞庭去

不曾在春日的田野上耕种过的人，难以体会一束金色麦穗的美丽；没有在烈日下的沙漠里跋涉过的人，也不会懂得一滴水的珍贵。只有当你背起自己生命的行囊走遍了大地，你才会真正知道，你对这个世界的爱有多深，你心中的乡愁是多么广阔和深沉，你对生命的珍爱与怜惜是怎样地刻骨铭心。

《熊召政作品精选》里的大部分散文，都是他的漫游与行走的结果。他的大地游历，从少年时代起直到现在，从来就不曾停止过。他是从游历自己家乡的风雨山河开始的，继而走出鄂东，一步步、一年年，其足迹几乎踏遍了中国所有的名山大川、故都旧巷和深山古寺。这部文集是他孤独和冷僻的游踪与曲折隐晦的心迹记录，同时也传达着他对自然、生命、历史、文化的追究与省察、沉思和感悟。

千山烟雨，万壑松风；日月晨昏，沧海桑田。大自然以一种无与伦比的美学原则，在莽莽苍苍的大地画卷上，描绘出一幅幅云蒸霞蔚和变幻莫测的山河岁月图景。此等辽阔深远和气象万千的境界，也许只有李太白那"天地者，万物之逆旅；光阴者，百代之过客"的丰沛诗力方可匹配。召政的大部分散文里，也呈现着这种深远的气象与境界。

他寒江钓雪而空山踏雨，肩挑明月而心怀禅音，从庐山、衡山、黄山、峨眉山，到九华山、孤山、鸡足山、普陀山；从汨罗江、洞庭湖、长江三峡，到西湖、九曲溪和天池……在无言又无限的江山中独伤千古，最终完成了他那游禅、悟道和访古的"千寻之旅"。

他在《朗吟飞过洞庭去》里说："很长的时间里，我一直摆脱不了'忧'字的困惑，直到现在，它仍是我一触即痛的心理情绪。"这是他最真实的自我解剖。他说，即便是他努力地想把自己的儒家人格改变成释家人格，把搁在心中的一个"忧"字更换成一个"寂"字，但是，一旦到了汨罗江、洞庭湖和岳阳楼这样的地方，仍旧免不了泫然而有泪意，一种对家国、民生的悲悯和忧患的情绪还会重上心头。

猿啸中的乡愁，永不消逝的禅音，风雨和时光里的文化，自然与佛性的光辉，在他的笔下都有所呈现。这也是他的文化苦旅，是他的生命和灵魂从沉痛的谷底升华、抵达至宽博旷达的境界的必由之路。

"我端起杯来，一口饮尽黄山的七十二峰雨声，并细细品味：哪是鳌鱼峰的粗犷，哪是莲花峰的婀娜，哪是仙人峰的飘逸，哪是耕云峰的深洁……五光十色的黄山雨声啊，醉了我的十丈青肠。"

这是《黄山听雨》里的一些文字。在许多篇章里，散文家是在追寻和体悟我们曾经拥有过的，那种人神共处、人与大自然和谐一致的"大地道德"。他坚信，人类最终应该寻找的，正是那种比自然地理意义上的风景更为宏大和庄严、象征着对某种神性价值的终极追求的人文地理。或者说，纪游和悟道，访古和咏史，山河岁月，文史遗迹，在他的文字里往往密不可分、互为补充，构成了一个有着浓厚的中国传统士大夫文化情结的现代文人的极为丰茂的精神图景。

爱默生有言："谁能够走遍世界，世界就会属于他。"正是在那激情充沛的寻求、观察、洞悉、发现的心灵之旅中，他获得了一次次伟大的梦寻与向善的体验，并且使他更透彻地认识生命，认识大自然永恒的法则与力量，以及那种无远弗届、无处不在的"大地道德"，进而更清醒地去理解人生的得失与悲欢，去更好地完成和尊重生命的每一个瞬间。也只有这时候，他才能更多和更真切地领略到大地、天空、黎明、黄昏的无限生机及其丰富的抒情性，并且以一位诗人和历史学家的胸怀，拥纳了人间万象之外的美。

召政这本选集里还有一些篇什，如《访洛阳白园》《周庄的迷楼》《说不尽的老房子》《永远的楼观台》《登赣州郁孤台记》《怎一个愁字了得》等，更具文化追寻、史实考证和梳理性质。他以那些历尽沧桑的文化古迹、老房子或亭台楼阁为背景，以不同时代进出老屋深院的人事为叙事线索，以一些尘封的文献、细致的深究与考辨为依据，去钩沉了一些事件的来龙去脉，揭橥了一些人物的命运遭际，从而复原了一些往事恩怨的历史真相。当然，也描画和再现了一些道德伦理、市井风尚、人物性格的盛衰因果和转移秘密。

召政在这本书里间或做一些人事纠葛的梳理、文献和掌故真伪的甄别与考证等，也往往并非仅仅是为了某种实证和实用，而正是出自温润的寻找、发现和追忆的情怀。细读本书你会发现，凡是作者寻觅和追忆所触及的地方，一种温润的文化情怀，一种渴望"复现"的激情，也必定同时在场。这时候，他的文字必定是细腻、绵密和睿智的，而无限活跃的想象也妖娆萦转，兴致勃勃地深探到了每一个人物和每一个事件的细部。这时候我们也会不禁感慨：这是一个多么认真、细腻和执拗的寻访者。

遥想当年，雪夜船上

　　我所寓居的东湖路上，有家小书店，是我几乎每周都要去盘桓几次的地方。一些比较适合像我等"大众读者"的新书，通常在这里都可以找得到。最近从这里买到的一批新书中，有一册列入"江南风月丛书"的散文集《吴门烟花》，篇幅虽然不大，却是一本充满了寻觅与追忆、文史兼备、如同本雅明所谓的"迎向灵光消逝的年代"的书，读来觉得甚合个人趣味。

　　作者王稼句先生是一位江南风俗文化专家，校点和编纂过不少江南古籍文献。在此书里，他继续发挥了自己对江南文化尤其是吴越历史与民俗熟稔在心，并且善于寻绎、考证和整合文献史料的强项，使得这些文化散文不仅具有学理丰采，而且情致幽微，摇曳多姿。越是隐秘的故事，他的文字越是华丽、细腻和绵密,而无限活跃的想象也妖娆萦转,兴致勃勃地深探到了任何一个细部,使人不能不感到,与其说作者是在对已有的历史材料进行学术梳理和散文化转换,不如说他是在打着把这些材料写成历史小说的主意。

"除夕那天,雪还在下着,姜夔揖别范成大,带着小红回湖州去。他在苏州,或许就住在城中范成大府上,回湖州,却是从石湖启程的。舟过吴江垂虹桥的时候,天已夜了,雪也停了,在白皑皑的雪光里,一切都清旷而宁静,小红唱起了姜夔新作的词曲,而姜夔呢,也吹起了洞箫。这些都使得诗人逸兴遄飞,于是有《过垂虹》一首,咏道:'自琢新词韵最娇,小红低唱我吹箫。曲终过尽松陵路,回首烟波第四桥。'……就这样,小红随姜夔而去了。寒水迢迢,橹声欸乃,夜色渐浓,一叶小舟远了远了,终于消失在浅黑与暗黑的水天之际。"

这是我从书中信手摘出的一个片段。这样的片段在书里俯拾即是。吴门苏州,从来就是烟花干云、春风胜游之地。珠云填咽,笙歌杂闻,舞影婆娑,觥筹交错,留下许多风流艳事,也留下许多哀怨恨事。《红楼梦》的作者也曾有言,说苏州乃"红尘中一二等富贵风流之地"。这本书,正是以江南吴门为背景,以人事为对象,以文献为依据,用散文的书写形式,钩沉一些事件的来龙去脉,发现一些人物的命运遭际,探求一些文化风俗的转移秘密,当然,也不免生发一些有关历史沧桑和文化兴衰的概叹与挽歌。

书中的故事总是和具体的人物、年代、环境、细节连在一起,复现着一个个真实的往事现场,使我们恍若也置身其时其地，亲历那些繁华的宴饮或悲伤的离别。而且，有一些追忆会很自然地把我们引向一些无名无姓的人物，以及某些失落的东西留下的空白处。也许，正是在那里，往事似乎失语，而作家却开始发言。他试图用自己的凝视和沉思，填补围绕在少许残存碎片四周的模糊与空白。《真娘和泰娘》，钩沉了唐代安史之乱之后一段"锦绣般的岁月"里，先后担任过苏州刺史的三位诗人韦应物、白居易和刘禹锡的吴门履痕。而在他们的背后，则是当时两个著名的苏州歌妓真娘和泰娘的命运故事。还有我们前面已经提到的词人姜夔与歌女小红的故事。小红只是诗人范成大家的一个青衣，史不传，志不载，是一个朦胧的与"不可靠的"人物。但《青衣小红》一篇，却从姜夔的那首《过垂虹》入手，"遥想当年，雪夜船上，歌声隐隐，箫声悠悠……"并且从大量的诗词典籍里细梳深爬，最终使这个美丽的小女子浮出故纸堆中，袅娜如在读者眼前。这本书里写到的风尘艳迹真是不少，如吕小小、柳如是、卞玉京、杨绛子、柳依依、陈圆圆等，都曾现身在这本书中的一些场景里。什么是吴门苏州的华丽转身，何为江南的风花雪月，只有从她们这里，我们才能看到和感知。

然而，正如作者所言，几百年来，人们只钦羡着"小红低唱我吹箫"这样的境界，却鲜有记得姜夔的惆怅与无奈、记得小红的坎坷的命运者。"清兵入滇的那天傍晚，硝烟弥漫，杀声震天，一位妇人奔到这里。她曾经沧海，也不再年轻，对人世间的一切，已没有什么可留恋的了，她望了望山外的残阳，正如血一样染红了近处的林麓和清潭，便毅然投身，听得水声,只见一缕白绸在水上漂浮。"这是写陈圆圆的那篇《乱世红颜》里煞尾的一段;"且不说两个柳依依的死,就是那位写《柳贞女事略》的迂腐文人赵某,捏着润笔的银子,笑眯眯地走了;至于那些修筑柳贞烈祠的官绅们,拈香行礼之后,从祠里出来,便跳上山塘河上的画舫,又作花天酒地的冶游去了。"此为《柳依依》一篇的结束语。不用说,《吴门烟花》也是一本"哀妇人"的书。我从本书"后记"里看到,历史、风俗和妇女,正是王稼句先生近年来所特别关心并且用力甚勤的题目。

客子光阴书卷里

"客子光阴书卷里,杏花消息雨声中。"用宋代诗人陈与义这两句诗来评说子聪和他的一系列《开卷闲话》,颇为恰当,前一句写的是子聪每日生活常态,后一句暗喻了每一本《开卷闲话》传达出的书林消息。

十年前,《开卷闲话》初编问世时,书友们即有续编、三编……十编之期。如今一晃十年的光阴过去了,子聪果然不负众望,《开卷闲话》已经出版至第八编,离十编之期只有数步之遥了。更有一个意外收获:前前后后,印在每一编《开卷闲话》里的序跋文字,竟然也有三四十篇了,最近问世的《开卷闲话序跋集》("问津文库·开卷闲书坊"之一,人民日报出版社,二〇一四年八月版),即为这些序跋文的汇编。

这真是一本信息丰盈、书趣盎然的悠闲小书。子聪和他的闲话写作，也堪为近十年来最为书林文苑津津乐道的一桩美谈。黄裳先生在世时，曾为《开卷闲话》写过两次短序，其中"六编"序文里说，开卷闲话这种文字体制"有开山之功"，"当今国学大热之际，如有贤者继湘乡曾氏之余烈，新编'经史百家杂钞'，必将此种新文体列入，一新读者眼目，则子聪之贡献伟矣"。

不过，我也赞同刘绪源兄的感受："子聪编书编刊，真如其文字所示，是那么安闲写意，其乐融融么？恐怕没这回事。"春播夏锄，秋收冬藏，终究不会像袖手负暄那么舒适和简单。开卷者剪风裁雨，辛勤采撷书林里的杏花消息，我们这些"《开卷》迷"和书爱者坐享甘美的文化果实，这是一件多么好的事儿。可是，八编"闲话"后面，却有十年光阴的付出和支撑。何况，这一条条闲话文字里，还有遴选、取舍和删汰的艺术，还有披沙沥金的技巧，有采铜铸鼎的功夫，有撒豆成兵的智慧。如此看来，黄裳先生那句"子聪之贡献伟矣"的评价，实不为过。

汪曾祺先生体会到他的老师沈从文身上有诸多可敬的职业素质，其中有一条就是"耐烦"。子聪之于《开卷》杂志、《开卷闲话》系列、《开卷书坊》系列以及新开辟的《开卷闲书坊》等"开卷书系"的编辑与出版事宜，其实也贯穿着"耐烦"这种良好可敬的素质。西班牙散文作家阿左林对他的同道说："劳动者对于他的职业的爱，便是在一件不论是'自由'或是'机械'的业务中最关紧要的东西。无论我们做的是什么，重要的是带着一种热烈的感情去做。"子聪编刊、编书、写闲话，十数年如一日，给各地书友复信、寄书、约稿、赠刊、牵线搭桥、悦人悦己……无疑都是"带着一种热烈的感情去做"。

"热爱"容易做到，但是能够怀着一种诗人兰波所说的"火热的耐心"，不避繁难、不离不弃地持续做下来，却委实不是一件容易的事情。福楼拜说到自己的写作甘苦时说："我的人生再没别的指望，除了在一张张纸上涂鸦。我觉得自己在穿越一份没有尽头的孤独，却不知道，要往哪处去，我既是沙漠，同时也是旅人和骆驼。"他的母亲心疼自己的儿子，忧心忡忡地说，"他的心，迟早会枯死在文字的沙漠里"。我想，子聪的十年"闲话"写作，也何尝不会有沙漠、旅人、骆驼的感受，只是我们看不到而已。

十年过来，我看到，为八编《开卷闲话》写过序跋的老人，像来新夏、舒芜、绿原、黄宗江、黄裳、彭燕郊、谷林等等，都已经离开人世了。这使我想到于光远先生为《开卷》的题词："它比我们任何人都活得长久得多。"书与人俱老，而书比人长寿，这其实也是沙漠、旅人和骆驼的宿命。书海无边，人生有涯。尽管如此，生活中毕竟还有一些我们所热爱的事物，是能够用我们的双手和心灵，去把它们栽培出来、保存下来、传递下去，因而，书卷人生也还是有可能始终不渝的。那么，子聪兄，且待《开卷闲话》十编竣工之日，再开卷把盏，共浮一大白吧！

二〇一四年十二月六日，东湖梨园

小的是美好的

我是从沪上的青年出版家王为松先生那里第一次知道,经济学界有所谓"Small is beautiful"即"小的是美好的"这一说。他在随笔集《文字的诱引》里也专门谈论过这个话题。随着英籍德国经济学家 E. F. 舒马赫的那本谈发展问题的畅销书《小的是美好的》中文译本的重新出版,"小的是美好的"又引起了更多读书人和经济学家的津津乐道。

我在这里当然不是要谈论舒马赫这个观点的是与非(我注意到了,有人针对这个观点又提出了"大的小的都是美好的"一说)。我只是想借用"小的是美好的"这个说法,来表达我对一套小书的欢喜与欣赏。说是"一套",也并不准确,因为它们到目前为止并没有一个固定的或统一的丛书名,而只是在开本、篇幅、装帧形式上略为接近,看得出,是一个正在陆续面世的"小系列"。我读过的有《插图的故事》（黄裳）、《东写西读》（陆灏）、《黄金牡丹》（须兰）、《往事点滴》（黄佐临）、《说来话儿长》（林行止）、《天凉好个秋》（李文俊）、《闲话三分》（陈迩冬）、《季门立雪》（钱文忠）、《南非之南》（恺蒂）、《感官的盛宴》（严锋）等。其中还有几本承蒙作者惠赠的签名本，如袁筱一女士的《最难的事》等。这套小书是由上海书店出版社出版的，而主其事者，是时任该社社长的王为松先生。他在十几年前就曾心仪的"小的是美好的"主张与趣味，通过这套小书而得到了具体的呈现。

这套小书统一采用小三十二开本的纸面精装形式，正文用纸质轻软的蒙肯纸印刷，书页采用近些年来几乎绝迹的穿线装订，使书的页面可以任意摊平。装帧设计上显然是有意拒绝了时下流行的、几乎被用滥了的那些所谓新工艺，而是"素面朝天"，一点也没有那种俗不可耐的"金属气"。每本书的篇幅六七万字不等，少的甚至只有五万字，兼有少量精致的插图。正文版式洁净而疏朗（每面用五号字排，二十五字，十八行，即四百五十个字符），不像现在大部分出版物那样，在书眉上做过度的装饰，殊不知那样做无疑给读者增添了许多视觉上的负担和焦虑感。书的定价在二十元左右，正可以说是"物美而价廉"。一册在手，如果读书速度较快的，大约只需要睡前一个小时即可读完。不知道别人的读书趣味与习惯，以及对"好书"的要求与标准究竟如何，至少，在我看来，这套小书从篇幅大小到装帧和版式设计，都是极具"人性化"的，可以说是充分考量了像我这样的习惯于"轻松阅读"的读书人的趣味和水准，几近"量身定做"。因此,这套小书在我看来,无疑正是近几年来颇为稀见的一套"小的"而又是"美好的"读品了。

说这套小书的整体风格是素朴和轻倩的,当然并非是说这每一册小书的内容没有重量,或不够分量。不,恰恰相反,这是一套真正意义上的"大家小书"。就已经问世的这些品种看,每一位作者毫无疑问都是专家级甚至大师级的。这里有黄裳、黄佐临、陈迩冬这样的文史耆宿和艺术大师,有林行止、恺蒂这样能自由出入东西方流行文化、拥有大量"骨灰级""粉丝"的专栏作家,有李文俊、陆灏这样熟稔外国文学与外国文化的翻译家和新一代书界俊彦,有须兰这样的据说是最具张爱玲和海派味道的青年小说家,还有钱文忠这样的常年立雪季羡林大师门下(所谓"季门立雪")的学者。每册小书所涉猎的内容,虽然各有专长和精深,互相之间也大相径庭,如黄裳专谈明朝刻印和版画插图,恺蒂专写南非地理和人文见闻,林行止专讲"身体野史"和"身体经济学",陈迩冬专话三国故事,陆灏演绎中西文学秘闻和掌故,须兰重述东西方绘画里的香艳名物……但是有一点则是共同的,那就是,这些人在各自的专业之外,无一不是锦心绣口、撒豆成兵的文字高手。因此,即使是荒僻渺远的领域和学问,他们也都能做到深入而浅出,决不故作高深,拒人于千里之外。他们都乐于并且善于从大历史里发现小掌故,从大学问中提炼出小趣味,然后平易而生动地落实到文字上,从而使我等大众读者开卷获益,不以为苦,不感到复杂、沉闷、深不可测和有所焦虑,而是分享了他们的学识之美和智慧之美,尽享读书之乐与生活之乐。

与小出版社共舞

美国灰狼出版社（Graywolf Press）创办人、编辑总监兼发行人沃克（Scott Walker）写过一篇谈出版经验的文章，题目是《与小出版社共舞》。他说，一个作家如果正担心他的书会夹在出版社浩瀚无边的书目之中不知所终，而出版社的注意力又每每集中在三四本畅销书上，任由其他的书自生自灭；如果这位作家的书看起来又不是那么大众化，但是他又希望自己的作品会继续再版；又或者这位作家还比较喜欢与出版社的编辑维持一种相互激励、相知相长的长期关系，而且期待出版社能够好好处理及出版他的书——无论是在编辑、装帧、制作还是宣传营销等环节，都能细心照料、热情对待⋯⋯那么，在这个时候，沃克建议，这位作家应该考虑，找一家"小"一点的出版社来合作出书。沃克认为,当一些大型的出版社将力气都用在配合连锁书店以及出版畅销书时,那些独立的、小型的出版社,就必须想办法变得与众不同。结果,小出版社出的书愈来愈好,一些选题独特、独一无二的图书,正好符合了独立小出版社的需求,形成一种"百花齐放"的局面。还有一点,对作家来说也往往是最重要的:小出版社的敬业态度以及全身心投入的精神,足以使原本"只是出版一本书"的冷漠疏离,变成充满互动和愉快的经验。作为一位成功的"小出版社"的经营者和著名的编辑出版家,沃克自信地告诉一些犹豫不决的出版同行:"只要挑对了作者和书,'小'就不仅仅是美的,而且也会有你意想不到的效益。"

半是诠释,半是谋杀

　　从某种意义上说,对于一切经典文学名著的任何形式的改编,都可能是一种"误读",甚至是一种对原著的"谋杀"。这是因为,能够拥有经典性地位的文学作品,它们毫无疑问都是作家们穷尽心力,精雕细琢,渴望成为永恒的文字。这样的文字越完善,越无懈可击,它们的作者越有理由要求获得后人更大的认可与尊重。

　　诗歌翻译界有一句流传很广的话:"真正的诗,就是在两种语言的转换过程中,被翻译家弄丢的那一部分。"也有人说成是:"真正的诗,就是翻译家无法翻译的那一部分。"化用一下这其中的意味来看待文学名著的改编,我觉得不妨也可以这么认为:"真正的文学名著,就是任何人都无法改编的那种作品。"或者也可以这么说：真正的文学名著的精华，可能就是被后来的改编者们弄丢的那一部分。总之，名著改编无论是出于怎样良好的愿望和动机，其结果从来都是吃力不讨好的多，弄不好还会落个"亵渎名著"的骂名。

英国十九世纪的玛丽·兰姆和查尔斯·兰姆姐弟俩用散文的形式改写的《莎士比亚戏剧故事集》，是世界公认的在文学名著改编方面寥寥可数的成功范例之一。究其原因，在他们取得成功的前提是许多率尔操觚的改编者所不具备的。首先，他们姐弟对莎剧有长年精深的钻研，可以说是全面掌握了构成莎士比亚戏剧风格的种种个性因素，是真正的"莎学专家"；其次，二人都写得一手纯正的英国式的好散文（兰姆的散文作品《伊利亚随笔》，如今已经是英国文学中的瑰宝）。而在这样的前提下，他们从一开始就为自己将要从事的改编莎剧的工作定下了最高的标准：要尽量把原作的语言精华糅合到故事中去；要在全书里尽量使用十六七世纪即莎士比亚时代的语言；要保持风格的统一，既为莎翁负责，也为莎翁的读者负责，防止把莎剧庸俗化；等等。

鲁迅先生的作品毫无疑问是中国新文学的经典。自从新文学有了鲁迅，也就有了鲁迅的解读者、诠释者和改编者。正如人类自从有了荷马，也就有了荷马式的微笑。不能说所有有关鲁迅作品的改编都是徒劳的，但就鲁迅的深刻、渊博、孤傲的精神世界和沉郁、苍劲的艺术魅力而言，后来人所谓"普及鲁迅"的诸多善良想法，在很大程度上恐怕都是一厢情愿的。

"有我所不乐意的在天堂里，我不愿去；有我所不乐意的在地狱里，我不愿去；有我所不乐意的在你们将来的黄金世界里，我不愿去。然而你就是我所不乐意的。朋友，我不想跟随你了……"

这是鲁迅在《野草》中的自白。你怎么"改编"这样的语言呢？鲁迅注定是孤独和孤傲的。最近看到一套《鲁迅小说全编绘图本》。编辑出版者的愿望，自然也是非常善良和美好的："随着现代生活节奏的加快，影视媒体的冲击，现代人阅读欣赏习惯正在改变。文图并茂的图书因为其视觉形象的冲击力和阅读的轻松感正在为越来越多的读者所喜爱。……因此，我们将鲁迅全部小说以绘图本形式出版，使鲁迅小说以新的形式和读者见面，可以给读者新的审美愉悦；可以使出版者以独特的版本形式在读图时代进行图书出版的探索和研究；同时，可以满足读图时代一般读者轻松阅读的要求和一部分读者研究和收藏的要求。"（《鲁迅小说全编绘图本·出版说明》）

果能达到这样的愿望和目的，当然不仅是鲁迅，更是鲁迅读者们的一件幸事和福音。然而正是由于上述的状况和理由，我一看到这套书的《出版说明》中的下面这段文字，就先感到了一种担心："本书是中国图书出版界第一套文图并茂的鲁迅小说绘图本，具有独创性。作品既保持了鲁迅原著的风格，并体现其精髓，在图书形式上又有所创新；改编忠实于原著，保留了原作的艺术完整性。每篇作品都有鲁迅专家所撰写的'作品导读'，使此书具有较强的学术性和权威性。"

谈何容易！别的先不说，仅仅这个"绘图本"的形式——

说准确一点，是一个"卡通漫画本"的形式——就先消解和谋杀了鲁迅作品的深刻、严肃与沉郁的气质。那些采用了现代日本和欧美卡通漫画手法而勾勒出的明显带有简单和夸张的"脸谱化"的人物造型，那些采用"吐泡泡"的方式所添加的想当然的人物语言（对话），也许可以凸现和强化鲁迅作品中时或闪现的幽默的一面，但一碰到沉痛和严肃的情节和细节，它的表现力显然就苍白软弱甚至化为乌有了。而往往，鲁迅作品真正的"精髓"和神韵就在这些地方。例如在《狂人日记》里，我看到的只是一种人物造型上的过分的夸张，似乎意在突出狂人之"狂"，但贯穿在原作中的那种痛彻与深刻却被劫持了；在《阿Q正传》里，我感到更多的是一种恶作剧式的热闹与搞笑，而鲁迅先生本来的沉痛与悲哀，却已经游走。

任何一种文学名著的改编本，说到底都是一些处在危险边缘的书。改编者不仅是在戴着镣铐，而且是站在悬崖边跳舞。改编者试图将原作的文字世界拆解再把它重建，而其间所丢失的，或许就是原作最真实和最珍贵的东西。即使是最高明的诠释者和改编者，他也可能面临这样尴尬的抉择：再往前迈出一小步，就有可能是谋杀。对于读者来说，你也千万别抱这样的幻想：以为看了电视剧版的《红楼梦》就等于读了曹雪芹的《红楼梦》了；看了蔡志忠的漫画版《庄子》就等于读过庄周了；读了鲁迅小说绘图本，就等于读了鲁迅了。决不是的！"快餐化"和"图像化"的曹雪芹、庄子、鲁迅，都不会是真正的曹雪芹、庄子和鲁迅。

对于越来越成为时尚，使所有的作者、编辑出版者和读者趋之若鹜的所谓"图文并茂"书，我也有着自己的狐疑与警惕。我倒十分赞成这样一个观点：语言文字才是我们的文化灵魂的臭氧层，如果我们要努力地使它变得稀薄，那只能说明，我们在自寻毁灭。

三联书店的味道

三联书店是有自己的味道的,虽然我不能准确地描述出来,但大致能够感觉到一点。我喜欢这种味道,所以平时逛书店时,也总喜欢到"三联"的专柜前多待一会儿,感受它的那种"味道"。

案头摆着三本"三联"的书,虽然不是新书了,但是读来还是觉得很有味道。

《20世纪的书:百年来的作家、观念及文学——〈纽约时报书评〉精选》算是一本"大书"了。如果说,从十九世纪末到二十世纪末的世界文坛是一个布满了波谷浪尖的汪洋大海,那么,《纽约时报书评》正如一艘穿行其间的"救生快艇",它目光敏锐、动作快捷、出击有力,只在一瞬间就把那些可能被汹涌而至的平庸的印刷品淹没的优秀作家和出色的作品救上岸来。它独具慧眼，选优汰劣，只给予最卓越、最具有生命力、最能够为人类精神宝库增添荣光和辉煌的作家与作品以获救的希望，使它们越过时光的黑海波涛，到更多的读者中间和不朽的文学史册上去大放异彩。

用"三联"的前辈编辑家、出版家范用先生的话说，藏书票是一种"漂亮的小玩意儿"，它散发着雅致、浪漫、唯美和高贵的趣味主义气息和浓郁的书香。《我的藏书之旅·插图珍藏本》（吴兴文著）这本书不仅图版美雅有趣，文字也是清丽隽永、绰约多姿，在装帧和印制上，也是讲究到了每一个细节，干干净净、清清爽爽，包括特种纸品的选用，都颇见编辑和出版品位。与其说这是一本书，不如说它是一件能使所有爱书人都爱不释手的艺术品。

"干干净净的契诃夫"，也是我最喜欢的外国短篇小说作家。汝龙先生翻译的契诃夫小说选集和全集，我先后买过四五种版本，原因就是有的版本有插图，有的没有，见到有插图的或者插图印刷效果比较好的，即使文字重复了我也买了回来。"三联"版的"画梦重温"书系里有一册《苦难的俄罗斯·契诃夫小说插图80帧》，不用说，正是我心仪已久的好书。这八十帧插图的作者"库克雷尼克塞"其实是俄国三位著名插图画家和漫画家合署的一个笔名。八十帧插图为四十篇小说而绘，每一篇小说两幅插图，一为素描，一为线描，风格不同，但互为补充，彼此映照，生动地再现了契诃夫小说里一些经典的场景、人物和细节，而且每一篇的插图都配有一段小说里的文字片段，图与文相互照应，能唤起读者无边的想象。有了编辑者别出心裁的劳动，我们才能享受这么美好的成果。边读文字边赏图画，这种再好不过的文学享受，就来自"三联"的味道。

金蔷薇的秘密

一说到作家们的生活、灵感与创作的秘密,我们可能就会想到巴乌斯托夫斯基的《金蔷薇》,想到他在那篇《珍贵的尘土》里讲到的一个巴黎的老清洁工约翰·沙梅的故事。沙梅每天深夜用一个小小的筛子,把从一些首饰作坊里收集回来的尘土簸来簸去,筛出那些隐约可见的粉末般的金屑,日积月累,竟然积攒到可以铸成一小块金锭。他用这块小小的金锭打成了一朵金蔷薇,送给了一位对生活抱有美好期待的贫穷少女……巴乌斯托夫斯基由这件事情联想到作家们的劳动。他说,每一个刹那,每一个偶然投来的字眼和流盼,每一个深邃的或者戏谑的思想,人类心灵的每一个细微的跳动,同样,还有白杨的飞絮,或映在静夜水塘中的一点星光——都是金粉的微粒,而作家们,就是用几十年的时间来寻觅它们、筛洗它们,然后熔成合金,最终锻造成自己的金蔷薇。

作家们的生活和劳动是如此,那么,描述作家们的生活和劳动,寻访和发现作家们的生活、阅读和写作的秘密,又何尝不是与收集和筛洗那些珍贵尘土的劳动相似?《文学家的星空:当代中国作家地图》(陆梅著),就是一本《金蔷薇》式的书。作者用清丽和细致的散文笔调,描述了作家们的日常生活,追寻着作家们阅读和写作的踪迹,同时也在探访着作家们内心的某些秘密,乃至发现他们不同的知识谱系、精神资源和人格结构。她引导着我们,从一颗星走向另一颗星,从一个星座进入另一个星座。并非漫无边际,也绝不故作高深。除了自己亲眼所见、亲耳所闻和亲口相询得来的材料,也有所节制地采用了一些关于作家生活与创作的花花边边、逸闻趣事。所有这些细节里,却有一双温和、细致和聪慧的眼睛在观察、在打量。她在书中记录了台湾女作家朱天文说过的一段话:"从非常小的东西谈到非常大的,我觉得这是写东西写到后来最难的。你可能有很多素材,可是你怎么去诠释它,素材人人都有啊……其实很要你的积累和你的眼光。"说得真好。这段话似乎也可以作为检验陆梅写作这本书的标准。

世界上没有一片叶子是相同的,作家们更是各有各的个性。她在书中极力去维护和凸现每一位作家的最真实的个性以及独立的劳动和成果。但是她似乎也在从这些独立的树木中寻找那些能使人类精神之树常绿的共同的秘密。在写余秋雨的时候,她征引了荣格的一句话:"文化最终都沉淀为人格。"在写史铁生和王安忆的时候,她特别强调了"真诚"的力量。史铁生说,文学的根本,是为了拓展人的精神,是要为灵魂寻找一个美好的方向。因此,对于一个写作者来说,可怕的不是所处迷茫,而是步入虚假。只有"真诚",能够"在迷茫的时候给我们前途"。对此,王安忆也认为:"真诚是比一切都更为重要的,失落了真诚,无论做一个作家,做一个妻子,做一个人,都是不成的。"巴金老人有句金子般的话,在这本书里也再次出现:"我写作不是我有才华,而是我有感情,对我的祖国和同胞,我有无限的爱……"

　　为发现金屑的光芒而不断地收集、筛洗珍贵尘土的人,付出了时间、智慧和艰辛,我们做一个幸福的读者来享受成果,得到一朵沉甸甸的金蔷薇,这是一件多么好的事情。

"我本楚狂人"
——《熊召政研究文选》编选后记

二十世纪八十年代里,由全国二三十所高校和文学研究机构,联合编辑并陆续出版过一套大型的"中国当代作家研究资料"丛书,每位作家编成一部或数部专集,并在书后附录了该作家的作品发表年表、研究文章年表,等等。这套丛书为当代文学研究和广大文学爱好者提供了一些比较完整和全面的文学资料,我个人就收藏过许多本,可以说是深受其惠。这套丛书的书名,还是文学家茅盾题写的。老诗人曾卓先生在世时也曾委托过我,收集和编辑有关他的研究资料,说是本地某所高校的几位研究人员,拟为这套丛书编辑一部《曾卓专集》,希望我也能参与编选工作。可惜的是,这套丛书的编辑出版后来似乎无疾而终了,甚觉可惜。

保存和编纂一些重要作家的研究资料，是文学研究的基础和前提，也是一项虽然繁琐、却不可缺少的基础工作。许多文学研究者和批评者或许不屑为之，却是真切地需要有心人来做好这项工作。武汉一些高校的文学院虽有志于当代作家们的文学资料的搜集和整理，但似乎并没有把已有的成果转化成公共资源。相反，倒有可能像一些学术刊物和学术网站一样，把原本应该对公众开放的、早已在报刊上公开发表过的文章，都"加密"封存起来，据为己有，谁想使用，需先付费，岂非咄咄怪事！

既然没有专门的机构愿意来做资料的收集和整理工作，那么，只好由好事者自己动手来做了。做得好歹先不说，只要能把费时费力获得的资料集中起来，转化为较为便利的公共资源，投之于社会公器，也就算尽了一份"功德"吧？这部《我本楚狂人·熊召政研究文选》（上、下卷），就是出于此种考虑而完成的。

这部研究资料集，还只能算是一个"初编"。熊召政先生从事文学创作已达四十多年，要把四十年来所有有关他的研究文字都收集齐全，可不是一件容易的事。即便是已经收集起来的文字，由于本书篇幅和容量所限，也不可能全部入选，这是要请朋友们理解和谅解的。有关召政的研究资料，我们这个小小的团队虽然已经尽力搜集和保存了大部分，但是仍然还有不少篇什，散遗在本书之外。例如，当年他的政治抒情诗名作《请举起森林一般的手，制止！》发表后，《长江文艺》随即以《诗的光荣》为总题，组织了为期半年之久的大讨论，当时有关这首诗的各种评论和论争文章，就超过了三十万字，足以编成一部专题的资料集。考虑到本书的篇幅和容量，当年的这一部分文章，都没有收录进来，只是把当时参与讨论和评论的文章存目，作为"附录"，保存在本书中。四十年来有关他的诗歌创作的研究与评论，拟另行编为专集出版，本书零星选录了几篇，只为聊备一格而已。好在研究资料的收集和整理，决非朝夕之事。何况召政正值文学和艺术创作的旺盛期，有关他的学术研究、文学评论、访谈、对话和散记等，也还都处在"进行时"。如果可能，今后我们会继续收集有关他的各类研究资料，编为《熊召政研究文选》"续编"或"三编""四编"。

选入本书中的文章，尽量以当初发表的文本为准。个别错讹、失校或不当之处，编者稍作改正，并尽量查对和保留最初刊载的出处。因为编辑时间紧迫，编者目力所及有限等原因，其中不当之处在所难免，恳请朋友们和有识之士不吝批评和指正，并向为本书及时提供文章和电子文本的朋友们深深致谢。谨以本书，纪念和祝贺熊召政先生从事文学和艺术创作四十周年。

二〇一三年中秋节，东湖梨园

熊召政和他的作品

此文系应约代为《中国大百科全书》文学卷撰写的"熊召政"词条初稿。

熊召政，生于一九五三年十二月二十三日，当代著名历史小说家、诗人、剧作家、文化学者。湖北省英山县温泉镇人。一九六九年赴乡村插队务农，一九七三年开始发表诗歌作品，一九七五年调英山县文化馆任创作辅导干部。一九七九年创作的政治抒情诗《请举起森林一般的手，制止！》获一九七九至一九八〇年全国首届中青年优秀新诗奖。一九八一年调湖北省作家协会任专业作家，一九八四年加入中国作家协会。一九八四至一九八六年任《长江文艺》副主编，一九八五至一九八九年担任湖北省作家协会副主席。其间曾入武汉大学中文系首届作家班学习两年。

熊召政早期以诗歌享誉文坛，而后在报告文学、历史小说、散文、剧本、旧体诗词等诸多领域都取得了斐然成果。出版的诗集有《在深山》（一九八二）、《瘠地上的樱桃》（一九八三、《为少女而歌》（一九八五）、《南歌》（一九九四）、《拥抱北方》（二〇一三）等；散文集《千寻之旅》（二〇〇二）、《青山自在红》（二〇〇五）、《水墨江南》（二〇〇六）、《醉里挑灯看剑》（二〇一〇）、《闲庐文钞》（二〇一〇）、《文明的远歌》（二〇一一）等；"熊召政历史文学选集"四集：《明朝帝王师》《明朝大悲咒》《千古风流》《历史的乡愁》（二〇一三）等；报告文学集《太阳家族》（一九九四）等；旧体诗词集《闲人诗稿》（二〇〇五）、《闲庐诗稿》（二〇〇九）、《史诗墨象》（二〇一〇）等；此外，还创作了话剧剧本《司马迁》、电影剧本《戚继光》等舞台剧及影视剧本。自九十年代初开始，历经十年潜心创作的四卷本长篇历史小说《张居正》，一经问世便获得海内外读者的一致好评，被评论界誉为新时期中国长篇小说的重要收获。此作品先后获得湖北省政府图书奖、首届姚雪垠长篇历史小说奖、湖北省第六届屈原文艺奖、全国五个一工程奖等多种奖项，并于二〇〇五年四月以全票通过荣获第六届茅盾文学奖第一名。同年十月，湖北省人民政府授予他"湖北省特殊贡献奖"，二〇〇六年获得湖北省五一劳动奖章。近期出版的新作有历时十年而创作的三卷本历史小说《大金王朝》第一卷《北方的王者》（二〇一五）、第二卷《擒龙的骑士》（二〇一六);文化演讲集《文人的情怀》(二〇一四);散文集《踏遍青山人未老》(二〇一五)等。现任中国文联全委会委员、湖北省文联主席、湖北省中华文化促进会主席、湖北省文史研究馆馆长,兼任中华文化促进会常务副主席,中国人民大学、武汉大学、中南财经政法大学等院校兼职教授。

熊召政青年时代以激情澎湃的"狂飙诗人"的姿态进入诗坛。写于一九七九年的那首使"举国皆知,群起而支援之"(徐迟语)的长诗《请举起森林一般的手,制止!》是他的"霜刃初试"。有着同样激情和风格的长诗,他在那个年代里相继又写出了《乡村之歌》《汨罗魂之祭》《再致老苏区人民》以及《1987:官僚主义在中国》等。这些政治抒情诗带着"干预生活"、忧国忧民的情怀,先声夺人,在思想解放的早春时节和改革开放之初,向极左思想和不思进取、保守僵化的官僚主义等政治痼疾,发出了振聋发聩的呐喊和抨击之声,显示了一位诗人无畏的胆识和真切的历史使命感与社会责任心。同时,他的大量乡村题材的抒情诗,也以俊秀、清丽的风格,享誉诗坛。一九八四年七月,《瘠地上的樱桃》在四川出版,这是他的第一本诗集。徐迟为之作序,其中有言:"这些山村诗,是本来就存在于我们的年轻诗人心中的。如没有程抱一译的亚姆将它们唤醒,它们就会在他心中长期沉睡,甚至永久沉睡不醒。一经点化,它们就醒来了,并找到出口,化为流泉,喷涌而出,潺潺不绝,现在还在奔流呢。"例如,他写谷雨时节的茶叶:"你越掐,它越长得丰盈。"这个发现与从自己的人生经历中获得的感受是那么吻合;他写乡村的一个盗墓者最终的悔悟:"从此,他路过每座坟墓/总要深深鞠躬,决不含糊/碰到哪一块墓碑有些倾斜/他赶忙扶正,像扶正自己的错误";他写自己在故乡幽居的感受:"我的肩上搁着你去岁的雪花/我的衣袖笼满斯时的春光/我的心地被江南的来客踩成泥泞/我的诗情如水蜘蛛的细腿划动。"这些诗句,至今仍在诗歌热爱者的心灵中存活和流传。

进入九十年代之后,熊召政创作更多的是散文。他的散文多半是他的漫游与行走的结果。他的大地游历,从少年时代起直到现在,从来就不曾停止过。他是从游历自己家乡的风雨山河开始的,继而走出鄂东,一步步、一年年,其足迹几乎踏遍了中国所有的名山大川、故都旧巷和深刹古寺。他的散文是他孤独和冷僻的游踪与曲折隐晦的心迹记录,同时也传达着他对自然、生命、历史、文化的追究与省察、沉思和感悟。他寒江钓雪而空山踏雨,肩挑明月而心怀禅音,在无言又无限的江山中独伤千古,最终完成了他那游禅、悟道和访古的"千寻之旅"。猿啸中的乡愁,永不消逝的禅音,风雨和时光里的文化,自然与佛性的光辉,在他的笔下都有所呈现。这也是他的文化苦旅,是他的生命和灵魂从沉痛的谷底升华、抵达至宽博旷达的境界的必由之路。

"我端起杯来,一口饮尽黄山的七十二峰雨声,并细细品味:哪是鳌鱼峰的粗犷,哪是莲花峰的婀娜,哪是仙人峰的飘逸,哪是耕云峰的深洁……五光十色的黄山雨声啊,醉了我的十丈青肠。"这是《黄山听雨》里的一些文字。在许多篇章里,散文家是在追寻和体悟我们曾经拥有过的,那种人神共处、人与大自然和谐一致的"大地道德"。他坚信，人类最终应该寻找的，正是那种比自然地理意义上的风景更为宏大和庄严、象征着对某种神性价值的终极追求的人文地理。或者说，纪游和悟道，访古和咏史，山河岁月、文史遗迹，在他的文字里往往密不可分、互为补充，构成了一个有着浓厚的中国传统士大夫文化情结的现代文人的极为丰茂的精神图景。

一九九三年开始，熊召政历经十年，潜心创作四卷本长篇历史小说《张居正》。这是一部被评论家们誉为杰出的史诗性的历史小说。小说描述的是明朝隆庆末年和万历皇帝登基前后，朝野上下各种政治势力此消彼长，宫府内外各个利益集团尔虞我诈的一幅全景式的政治斗争和社会生活图画，展示了十六世纪中叶一个古老的东方帝国的形象的社会生活史、政治史、宫廷争夺史和文化风俗史，也在一个广阔的背景和真实的历史舞台上，再现了张居正这位著名首辅智慧过人、胸怀大志，在自己有限的政治生涯中励精图治、大展宏图，却又注定逃脱不了悲剧性命运的政治家和改革家的形象。第六届茅盾文学奖评委会对这部作品的颁奖词是："以清醒的历史理性、热烈而灵动的现实主义笔触，有声有色地再现了与'万历新政'相联系的一段广阔繁复的历史场景，塑造了张居正这一复杂的封建社会改革家的形象，并展示出其悲剧命运的必然性。作者因其丰赡的文史修养、恢宏均衡的艺术架构能力、对特定历史底蕴的富于当代性的揭示，获得本届大奖。"

二〇一六年秋天，武昌

读《韦庐文集》记

施蛰存先生自谓,他的创作和治学开有东南西北四扇窗:东窗是对中国传统文化的诠释与研究;南窗是小说、散文等体裁的文学创作;西窗是对西方文化和文学翻译与介绍;北窗是对中国历代金石碑刻文物的考索与鉴赏。作为中国现代文学史上一位大师级的作家和学者,施蛰存先生的"四窗"都成果卓然,取得了不俗的成就。

韦庐梅春林先生创作治学齐头并进,而且广结艺缘,编研相长,《韦庐文集》四卷,无疑也向读者呈现了他在文学创作与学术研究领域里的"四扇窗"。著名诗人、中国作家协会副主席高洪波先生所评价说,这四卷"奇书",也从不同侧面展现了韦庐的学识、修养乃至品性、好恶,读之如相对品茗聊天，其会心处俯拾即是。

卷一是《韦庐论学集·古代文化艺术诠释与品读》。这部学术著作里不仅涉及了对儒学、佛学、《大学》、晚清学术等属于"国学"范畴的大学问的领悟，更有对汉代画像石、历代碑刻以及训诂、说字等极其专门学问的追索与探究。对于中国古代文化艺术的诠释与品读，是韦庐数十年来鸡鸣风雨、孜孜以求、不肯稍释的文化牵念。熟悉他的朋友们都知道，他过眼和收藏的书卷古籍、碑帖器物丰赡而精到，他做学问便是从这些手摩目睹而又心领神会过的具体物件做起。这一点，与文学家沈从文先生做中国服饰文物研究的方法颇为相似。我在为《韦庐论学集》所写的序文里说过，他做中国古代文化艺术的诠释与研究，决非那种执泥于寻章摘句的"老雕虫"，而是在充分、细致地考索了原典真迹之后，整合转化，心如明镜，疏通古今、中西的一些学理脉络与阻隔，依靠自己旷达和流动的智慧的灵光，"激活"那些寂寞的学问，给予读者以柳暗花明、豁然开朗的引领与启悟。

卷二是《金石书画鉴评·视觉艺术与中国文化》。韦庐是国内知名的金石学家，鉴评起历代金石书画作品来，法眼灼灼，目光如炬，而笔下的赏析与评点文字如剥茧抽丝，细致入微，同时又能联系当下，对症下药，纠正时弊。例如《〈金谷诗序〉与〈兰亭序〉及罚酒三斗》一篇，在考索和梳理了相关的学术问题之后，意犹未尽，便顺着笔意添写了这样一段当代史实：二〇〇七年首届中国书法兰亭雅集四十二人展活动，居然仿效兰亭古贤流觞曲水,以书会比诗会,以书法家比文坛巨子。然而孰不知,"今日兰亭诸子中,青年才俊大多不善诗词歌赋,若按兰亭罚则,诸君当罚酒三斗。果如此,不会作诗的兰亭诸子,定会烂醉如泥,让石崇、右军窃笑!"高洪波先生在致韦庐书札中所言,"极喜欢先生小品中宕开一笔的辛辣,点评世相,于古人中得今人之软肋而点之",大约即指韦庐的此类文字。

卷三是《问世间情为何物·〈诗经〉名物图文别录》。这是颇能代表韦庐散文创作风格的一部名物小品集。全书以古老的《诗经》中的植物、动物和器物为叙事线索,或写风景,或述掌故,或识器状物,或忆旧抒臆,间作本原小考,兼及科普学理。其文有话则长,无话则短;娓娓道来,兴致勃勃;文白相间,辞采郁郁。这些散文小品里,不仅带着鲁迅先生《朝花夕拾》的笔意,而且也与孙犁、汪曾祺、秦牧诸家的名物散文小品一脉相承,显示了韦庐散文良好的文学素养,尤其是在语言文字上的功底上。据说,齐白石老人曾自称诗第一,字第二,画第三。韦庐目前被人称为金石研究第一,国学研究第二,散文创作第三,但我以为,这部文采斐然的散文小品集,当使读者们对他的散文另眼相看。

卷四是《似岭非岭山非山·古诗集句联语与题画诗选》。古诗集句,实非小道,其博雅的学问、卓特的识见、丰美的意趣和游刃有余的音律技艺,缺一不可。本书收录了韦庐数十年来沥沙披金所得精妙联语八十首,每一首又有一篇珠玑可数的"集联小言",可谓字斟句酌,如星珠串天,处处闪眼。集联乃是韦庐的"独家秘籍"。著名书法家、诗人、《书法导报》主编西中文先生致韦庐书札中有言,"先生集联,意洽韵合,自然天成,洵艺坛珍品也。集联必具慧眼卓识,又能博观约取,方入堂奥,故非常人所能为……"可谓定评。韦庐自序中也说到,"每集联成,珠联璧合,巧若天生。可把一代兴衰治乱、一时风俗人心,以及集联人之行藏际遇,身世显晦,友朋交谊,世态炎凉,无不了如指掌。"这几句话里显示了一种清醒的文化自觉和创作自信。书法家萧俊超、程明两位先生,又一丝不苟地为这些集联和小言一一书丹,更为本书平添一道艺术风致。读着这一册奇书,我感到,作者在自序里写下的那种"体备比兴,义兼讽喻,援今证古,采善贬恶,悯默怀古,聆其逸韵"的期许,已然是一种达成的事实。本集里还收录了韦庐创作的题画诗三十一首。承韦庐青睐,拙文《诗情谁旷远,彩笔待江淹——读韦庐题画诗》已经附录在这些题画诗之后,在此不再赘述。

"奇书四册长精神,不信今时无古贤。"这是高洪波先生读完《韦庐文集》后写下的评语。这也使我想到了韦庐古诗集联中的那首自署生活照的联语:"能销忙事成闲事,不薄今人爱古人。"韦庐的创作与治学世界,是一个充满自觉的文化意识和艺术自信心的自足的世界。诗言志。在这一点上,我们从他那些题画诗中可略见一二。如:"吾躬诚寂寂,妙境自森森。

志或空天地，胸应旷古今。""日无凡客到，夜对古人多。素毫堆雪案，星霜断砚磨。"可谓志存高远；再如："种作昙花看，书成贝叶飘。硬黄秋后剪，飞白雪中描。……写残云片片，卷尽雨潇潇。""欲把群书读，由来恨未能。十年谁守墨，午夜欠寒灯。"这显然也是求学问艺、锲而不舍的自我精神写照。苦心人天不负。文集四卷里的字字句句，就是对数十年午夜青灯的最好的回报。

独守千秋纸上尘

眉睫君的老家鄂东黄梅县,我去过多次。近代以来的鄂东人物里,尤多文学奇才,喻血轮、废名、胡风、闻一多、秦兆阳、叶君健、刘任涛等皆是;亦多博学大儒,黄侃、熊十力、陶希圣、张裕钊、王葆心、徐复观、殷海光、王亚南、李四光、喻的痴、汤用彤、黄焯……这份名单还可继续开列下去;黄梅还是中国禅宗丛林的发端之所,黄梅戏艺术的起源之地;《本草纲目》的作者、明代医圣李时珍,伟大的活字印刷术发明者毕昇,也都出在鄂东。眉睫君作为"八〇后"这一代中的少年才俊,沐浴和承传着鄂东先贤们留下的那一脉书香与文化的薪火,心怀高古,意气风发,走的是一条通识博雅的学术大道,可谓鄂东这片文化沃土上新一代的"读书种子"。

眉睫少年时就读的黄梅一中，是现代作家、诗人废名的母校。读高中时，他就在该校"废名文学社"出版的校园刊物上发表了关于废名的评论文字。这使得少年眉睫从此迷上了这位被文友描述为"貌奇古，其额如螳螂，声音苍哑，初见者每不知其云何"的现代文坛奇人。在此后的数年里，眉睫心怀对乡贤的敬爱，专注于对有关废名的人踪书影的寻觅和探访，不知不觉地踏上了一条学术考据和辑补之路。他从只言片语的小处着眼，"自将磨洗认前朝"，一点一点地打捞起了许多旧年往事的沉屑，集腋成裘，渐渐钩沉和寻绎出了一些事件、一些人物的来龙去脉，发现了一些文化故事和人物命运的转移秘密。陈子善、刘绪源、止庵、陈建军、乐黛云、谢泳等现代文学研究专家，对眉睫在这方面的考据和研究成果，都有过中肯的赞赏。子善先生几次说到，现在有些文学博士的学识还不如非专业出身的业余研究者，眉睫就是一个很好的例证。眉睫在大学里学的是法律专业，但他在写完了法律专业的毕业论文之后不久，却加入了作家协会。他在现代文学研究领域里所取得的成果，也是这个专业里的许多博士望尘莫及的。因此，老学者锺叔河先生评价眉睫的文史发掘和辑补工作，"其指标性价值，实在不亚于其学术文章达到的水平和创造的价值，也许还要更大一些，更值得学术界和出版界的关心"。

欧洲文化界有过一个"布隆斯伯里文化圈"，其中的人物包括作家、哲学家、经济学家、政治评论家、艺术评论家、艺术家、编辑家等，都是一些"超高级知识分子"，他们的学说，对十九世纪末和二十世纪初的学术界产生过深远的影响。加拿大学者罗森鲍姆的《岁月与海浪》一书,就是专门研究这个"文化圈"的人物群像的。这是我很喜欢的一本书。待到读了眉睫的《关于废名》《朗山笔记》《现代文学史料探微》等著作之后我才知道,在中国现代文学研究领域里,原来也早就有一个所谓"废名圈"。眉睫由废名开始的学术考据、发掘和研究轨迹,也渐渐扩大至所有"废名圈"里的人物,以及"废名圈"之外的那些现代文学史、文化史上的"失踪者"和被湮没的学术"沉船"。他关注到的人物包括周作人、胡适、沈从文、叶公超、梁实秋、朱湘、梁遇春、温源宁等;其中更多的一类人物,显然早就被遗忘于所谓"主流"研究视野之外了,如喻血轮(绮情楼主)、喻的痴、黎昔非、梅光迪、沈启无、石民、许君远、陈林率、朱英诞、朱雯、刘任涛、赵宗濂等。

眉睫并不介意自己的学术文章都是"探微"和"识小"之作。他最拿手的研究方法,他的学术"秘辛",也许正是善于从第一手的小材料找起,知微见著,好比由一些小小的、不被人注意的井口深挖下去,一直挖到"活水"的源头。他的学术文章,大都是曲径通幽之作。他所搜寻辑补而成的《许君远文存》《梅光迪文存》、梅光迪《文学演讲集》、喻血轮《绮情楼杂记》等,也无不给读者以沉船出水、天光重现的惊异之感。还有他对那些文学史上的"失踪者",如诗人朱英诞、戏剧家刘任涛的创作踪迹的追寻,对废名遗留在黄梅的履痕、事迹和书信的发掘,也都是从佚文和旧物中去获得发现的愉悦,从断裂和割裁的史实里去完成钩沉、梳理和补遗的工作。虽然他所触手的史料看上去不免有些屑小、琐碎和幽暗,但因为有独特的史识和学理的光亮烛照,沉睡的被唤醒,遗失的被发现,蒙尘的被擦亮,历史现场得以复原,真伪得到甄别,往事重现,故纸犹香。

有一句名言说:"历史乃人人垂钓之溪。"对此,历史学家丹尼尔·布尔斯廷曾经反思:我们通常所能钓起的,往往只是我们"已经知道或强烈怀疑的东西",而对于真正的历史经验及其多面性,却往往无法钓起,即使钓起,也容易流于视而不见,结果就是,有许多晶亮的"思想的小鱼",从我们眼前游走了。布尔斯廷认为,这种损失,又何尝不是历史学者们的失职。只因为历史学家们对许多凡人小事,一直不愿意锡嘉"历史"之称,致使许多历史的经验并没有得到"学术上的提纯"。眉睫君所做的,正是从那些"凡人小事"的历史经验中去求得"学术上的提纯"。这其实也是一种"文化苦旅"、文化追寻和文化传递。通过一纸书简、一则日记、一页手稿或一张旧图片,渐渐进入某段历史现场,进入某位文人的交游圈子和内心世界,慢慢厘清一些人与事的来龙去脉,进而弄清楚什么是应该传递给后人的,什么是不能传递给后人的,以及在传递过程中,什么是应该发扬光大的……正是有了这样的发掘和反思,有了这样细微的"文化衔接",人类的文化和文明史才会衔接得完整和丰盈。

眉睫对此显然也深有冥悟。他在《现代文学史料探微·后记》里坦承:"我所关注的那一群人,他们的精神气质,是我所向往和追慕的,可惜环顾左右,似乎再也见不到他们的影子了。他们属于最后的文人,而我只不过在寻觅他们曾经留下的一串串脚印和一个个影子而已。"由此我想到，眉睫以朝气蓬勃的青春之年，而心甘情愿沉涵于故纸堆中，考据史实，甄别真伪，爬梳搜寻，披沙拣金，其意义显然并不是仅仅满足于乾嘉学派式的繁琐考证，也并非陷进了一种猎奇搜秘般的学究趣味，而实在也是一种温润和高古的学术情怀在起作用，是一种对真善美的境界的追慕与接通。所以我要强调说，眉睫君走的是一条通识博雅的学术大道。

刘绪源先生在为眉睫的儿童文学评论集《童书识小录》所撰序言里提到，如果眉睫不曾有过在现代文学及文化领域里的研究经历，那么他转向儿童文学的编辑眼光和思考角度就不会那么开阔；如果没有对中国儿童文学的全史的把握，又如何判断某一首诗将居于怎样的地位？如没有在深入研读文艺理论时形成自己的理论观点，又如何在评价时展示理论和批评个性？按我的理解，绪源兄说的也正是通识博雅的道理。

眉睫君身怀美才却少年老成，列为貌颇高古、气质卓特的废名一辈的"薪火传人"，实在是当之无愧。他现在在海豚出版社负责儿童读物出版，虽置身冠盖云集的京华出版和文化界，却能戒骄戒躁，低调而沉潜，在竞争激烈的职场之外，孜孜以求于自己所钟爱的学术，正可谓"读书随处净土，闭门即是深山"。读罢他的"十年学术选集"《文学史上的失踪者》，想到了王安石的诗句："区区岂尽高贤意，独守千秋纸上尘。"他的学术十年，也正是"独守千秋纸上尘"的十年。

散发着稻花气息的散文

　　青青的禾苗如何渐渐变成金黄的稻菽，收割后的稻草被突降的夜霜覆盖之后，又如何渐渐变得灰白而散发出干爽的芳香……多年的乡村生活体验与积累的细节和记忆，经由散文作家谭岩如同植物根须一般细致、准确和接近地气的文笔，被描述和呈现得清清楚楚、鲜活如初。

　　大地飞歌，托载着永远的乡愁；草木枯荣，如同乡土之爱生生不息。这是散发着泥土和稻花的清新气息、因此也获得了最鲜活的生命力的文学散文，也是有关故乡风物、节气、农事、物候、民俗等农耕文明的文化忆念。家乡和童年记忆中的一草一木、一牲一畜、雨丝风片，尚未被现代工业蚕食和污染的淳朴的农耕生态，散发着稻花、青艾和杨梅花的清香和白鹭徜徉、萤火飞舞的小田园，田野四季的气息、色彩和光芒，以及人情怡怡的邻里关系、热闹祥和的小村光景……都在谭岩这些细节密集的文字里得到了表达。

  优秀的散文家就是这样，总是能够把原初的观察、体验和感受，甚至把那些也许只会发生一次的事物和瞬间，准确、鲜活地、生动地保存下来，让读者看到最接地气的散文之美。

二〇一六年初春，东湖梨园

序《落英》

在美国,许多进入中老年时期的女性,都知道一位名叫桑德拉·哈尔德曼·马兹的女士和她的出版社。马兹曾经是一家航空公司的人力资源管理者,后来因为公司裁员而"下岗",不得不在步入中年时,重新规划自己的职业。她想尝试去做一名出版人,去编辑一本反映中老年女性心灵和生活世界的书,以此唤醒全社会对中老年女性问题的关注。可是她的朋友当即给她泼来了冷水:"还是算了吧,这个社会已经没有我们这个年龄的女性的位置了,这个世界只是年轻人的天堂。"但是马兹并没有气馁和灰心。她怀着强烈的热情,终于把这样一本关注中老女性心灵和生活的书编成了,书名为《即便我老了,我也要穿紫衫》。也有的翻译家把这个书名意译为《青春不再,光彩依旧》。意外的是，这本书甫一问世，很快就成了畅销书。读者们评价它是一本"极有意义、令人激动和富有生命力的书"，书中的故事和诗歌，"向人们传达了尊严、关怀和尊敬，让人们感到亲切……感到不再苍老……为女性们的中老年生活注入了温暖和激情"。

正是从这本书开始，马兹白手起家，单凭自己的梦想和热情，创立了自己的出版社，接着又出版了第二本畅销书《只要我活着，我就要摘取更多的雏菊》。曾几何时，全美国的女性，尤其是中老年女性，很多人都是马兹和她的出版社的"粉丝"。"我要穿紫衫，我要戴红帽……""只要我活着，我就要摘取更多的雏菊……"这些被浪漫的紫色所映照的、专门献给中老年女性的诗句，一直在许多女性读者中传诵着，散发着温暖的关怀与慰藉的光芒。

拜读了王镜辉女士《落英》一书手稿，我很自然地想到了马兹女士的故事。算起来，这本《落英》，应该是王老师写的第四本书了。在这本书之前，她曾经出版过自传体小说《小户人家》等三本书。王老师原本的职业是中小学教师，在少年儿童教育岗位上辛勤耕耘，教书育人大半生，已经退休了二十多年。退休后，她从没有让自己的脚步停歇下来，而是摊开稿纸，拿起笔来，重新拾起了自己从小就热爱的文学写作的梦想，开始了孜孜不倦的笔耕生涯。她写中短篇小说，写回忆散文，也写一些关于青少年和儿童成长引导和教育主题的随想录，春播秋收，乐此不疲。她谦虚地把自己退休后的写作视为生命的"落英"。然而，晚霞无声，却给天地带来祥和与澄净；落英缤纷，却化作春泥滋育了幼苗。就像马兹女士的书中所写的那样，她用开放在生命之秋里那些美丽的紫色雏菊，不仅把自己的生命装点得有声有色、浪漫动人，也给这个世界送上了真挚的理解、宽容、关怀、期望，以及祝福……

《落英》这本书由近二十篇纪实性质的散文和故事组成。这些作品有的记述了过去的那些奇特年代里，普通人的沉浮和曲折命运，如《谢哥悲歌》《一干部》《归宿》；有的书写了作者所亲历的荒唐和动荡岁月的种种际遇与往事，如《文革在民间》；有的表达了作者对故土、朋友、亲人们的回忆、缅怀和感恩，如《落英》《乡行散记》《怀念若庭哥》《移坟》《相送》；还有的抒发了作者对社会、对自然、对人间冷暖炎凉的观察、体悟与感想，如《失约》《陌生人的恩典》《特殊堤坝》《洪湖公园的荷塘》。

历史是人人可以垂钓的溪流。可是，由于每个人自身的局限，人们通常所能钓起的，往往只是我们已经知道或强烈怀疑过的东西，而真正的历史经验，却总是充满了复杂性和多面性。还有，大多数的作家和作品，只习惯于所谓"宏大叙事"，而不愿对过往岁月里的许许多多"凡人小事"加以关注和尊重，结果就会导致许多"思想的小鱼"，实际上并没有被钓起，而是随着时光的流逝而游走了。每个人都在自己的人生旅途上孑然行走，身影远去了，留下一行行踪迹，或深或浅。忠实地记录下来，就会成为一本"大书"。这时候，书写者也不再仅仅具有狭隘的个人色彩，而成了历史书写的参与者。《落英》

一书正是从最细微的生活故事追忆入手，一点一点打捞起那些往事沉屑，勾勒出一些事件、一些人物的来龙去脉，描画出她这代人对那段共同度过的特殊年月的滋味各异、却一样缱绻难了的心路历程。这，无疑为我们提供了一些真实、新鲜的和"接地气"的"民间文本"。

当然，王老师并非是一位"职业作家"，仔细阅读，我们不难发现，她每篇文章的剪裁和行文，或许还都带着一些"原生态"，甚至在文体上，也并不刻意去做严格的区别。有的带着虚构的小说笔法，有的显然又是纪实的文字。我相信，这本书中每一篇文章里的人物、故事和细节，都是有迹可循、有本可依的。她的文笔诚恳、质朴、清丽，娓娓而谈，如数家珍，字里行间，散发着一种历尽沧桑的"过来人"的宽容、冷静与平和，传达着一种经世阅人的成熟与达观。她没有过多地去埋怨、悲叹甚至诅咒那些荒唐和暗淡的年月。她只是如实地、诚恳地回忆着往事，记下了自己真实的生命和心灵体验，意在为后辈人留下一些时代和历史的"备忘录"，留下一些平凡人生的启迪和忠告，避免后人再重复这样的荒唐和悲歌、再走这样的弯路。从这个意义上讲，这本书提供给我们的，仍然是一些"正能量"，是一些积极、光明和温暖的人性、人情和文学价值。

我也相信，会有更多的读者，能对这样的作品产生心灵上的共鸣。同时，王老师的这本书，以及她二十多年来的写作经历，也会像美国的那位马兹女士一样，帮助许多中老年人，建立起一种积极乐观的生活态度，给他们生命的秋天送来最温暖的启迪:"我要穿紫衫,我要戴红帽……""只要我活着,我就要摘取更多的雏菊……"

谨以以上文字为《落英》序。

二〇一四年早春时节,写于武昌梨园

心灵的清音

在花事纷纭的江城五月,参加了友人傅健女士的新书《跟随》的发布会。傅健是我一直从心底尊重和敬佩的一位职业女性,一位知性美女和才女。《跟随》这部著作,只是向我们呈现了她精神世界和日常生活的一角,实际上,她的精神世界,她对生活的激情,对这个世界的热爱与关怀,远比她的书中所写到的要更丰富、更广阔,也更幽深。一位艺术家说过:再厚重的书,也没有生活本身厚重和真实。我觉得,这部书只是呈现了一位优秀的女性的精神世界和日常生活的一小部分,并非她的全部。然而就这一小部分来看,我们已经跟随着她,领略到了人世间的各各不同的境界。这里有她对那些消逝的禅音的聆听和追寻,有她虔诚向佛、自我濯洗的感悟与欢欣;有她善待身边的人事,挚爱亲人和朋友,悲悯和关怀生命的赤子情怀;有她对自然万物、对山水清音的热爱与留恋;也有她对中华传统文化,对国学、佛学智慧的领悟、研习与讲诵;还有她对日常生活意义的理解、容纳与阐释。

古人云:修辞立其诚。傅健不是职业写作者,但因为她心底善良、为人诚挚,所思所悟,所感所纪,皆出自心声,所以她的文字也清丽干净,自始至终带着那种文如其人的"信、达、雅",而且还有几分女性特有的温润与娟秀,是一种天然的"秋水文字"。

傅健是一位志存高远、心怀梦想的女性。《跟随》是一本能够给读者带来温暖、光明和乐观的正能量的好书。读傅健的书,我想到了自己曾经在一篇文章中引用过的几句赞辞:知人而悯人,知天而爱天。贯神人而一物我,超时空而齐后先。与造物睦,与天地参。神游六合太虚,而心系冷暖人间。这其实也是我读傅健的这本书的真切感受。

二○一四年五月十八日,东湖梨园

出版人的文化理想

文坛前辈施蛰存先生有一部列入"学苑英华"书系的著作《北山四窗》，他自谓一生的创作与治学，为读书界开了四扇窗："东窗"是指他对东方文化和中国文学的研究；"南窗"是他的文学创作；"西窗"是指他对西方文学的译介与研究；"北窗"是指他对中国历代金石碑刻文物的研究与考索。施老不愧为现代文坛大家，他把这"四窗"的学问都做得非常好，蜚声海内外。

现在很多人都回过头去，极力推崇"民国范儿"。至少在民国时期的许多文人身上，我们都能看到那种把创作家、翻译家、学者、教授乃至编辑家、出版家等身份集于一身的博雅风范。这种"通才"式的"民国范儿"，在当下已属凤毛麟角。

能用自己的母语去写点东西的人,未必还有能力去做一些文学翻译;可以翻译一些东西的人,又未必具有学术研究的素养;可以去做点学术研究的人,似乎又与能够长袖善舞、呼风唤雨的编辑出版家相去甚远。然而在民国时期,能够把所有这些本事都集中到自己身上的人,却比比皆是。是故,人们谈起"民国范儿",总有一种"教我如何不想她"的怀念之情。

周百义先生是一代编辑出版名家,获得过第十二届韬奋出版奖、"新中国60年100名优秀出版人物""60年60名优秀编辑"等称号。而实际上,他最早是以文学创作走上文坛的。沿用一个旧的说法就是:他的文学创作成果被编辑出版方面的业绩给遮盖了。最近出版的皇皇三大卷《周百义文存》,却让我们比较完整地看到了他大半生的从文经历和在创作、治学诸方面所取得的实绩。他不是开着"四扇窗",而是驾着自己的"三套车"。

第一卷是创作卷,收录了他的中短篇小说、散文约五十万字。二十世纪八九十年代,是他的文学创作喷发期,先后出版过《竹溪上的笋叶船》《山野的呼唤》《黑月亮》等小说集。他的小说,大多取材于他的故乡那个"有着江南水乡风韵的中原小城",又多写山区少男少女。他自己说:"在那里,我有着刻骨铭心的感情波折,也有着聊以自慰的从政生涯。在那个自唐以降一直作为州府所在地的小城里,我目睹了一些令人啼笑皆非的趣事。每当我提起笔,那一个个细节不假思索便流向了我的笔端。所以,我写了那不应发生却终于发生的喜剧、闹剧、悲剧抑或是正剧,写了农村已经发生和正在发生的变的小说源于鲜活的现实生活和切身的体验,因此很接地气,生活气息和乡土文化气息浓郁。读他的这些中短篇小说,似乎不时地能听到流过中原大地的那条清亮的小潢河的欢腾声音,故乡的河流,滋润着他笔下的故事和一个个质朴的乡土人物,也使他的小说带着清新、空灵、质朴的美感和韵味。

第二卷是文学评论卷,收录了他的文学评论、研究、序跋、作家印象记、文学回忆等,也有大约五十万字。百义从最基层的文学编辑做起,一直做到了出版社的总编辑、社长和出版集团的总编辑,可以说是"阅文三千",与当代许多著名和未名的以及各种风格的作家有过直接的交往。他在工作中编研相长,写下了不少视角独特、富有学术分量的文学评论文章。有的研究家把叶圣陶、张中行这些编辑家的文章视为"编辑散文"(而非"学者散文"),把周振甫、锺叔河这些编辑出身的学者视为"编辑型学者"(而不是"学者型编辑"),颇有几分道理。读周百义写的关于二月河历史小说《雍正皇帝》、熊召政历史小说《张居正》、杨书案历史小说《孔子》、赵玫历史小说《唐宫三部曲》等评论文章,我就有一个感觉:这是"编辑家的评论",只有编辑家在具体审稿过程中,目光如炬,才能发现和寻绎出一般评论家难以发现的故事细节和作家最隐秘的文心。

第三卷是编辑、出版以及出版产业等方面的观察、研究与理论文章,也是大约五十万字。二十多年来,周百义几乎舍弃了自己最早的文学创作理想,而专心于编辑出版业务,亲自策划、责编了诸如《雍正皇帝》、"九头鸟长篇小说文库"《张居正》等许多畅销作品,《张居正》还获得了茅盾文学奖。同时,他在选题策划、编辑创新、出版产业、畅销书研究、阅读推广、图书市场观察、出版人才培养、出版经营管理、民营书业模式、新兴出版产业等方面,都写下了许多调研、观察和思考、研究文章,先后结集出版过《出版的文化守望》《书旅留痕》《书业行知录》等编辑出版研究论著。俞晓群先生曾从出版家的角度研究作家巴金,用很多具体事例把"巴金与出版"的成功秘诀归纳为四条:一是个人理想与职业特征的吻合;二是作家学识与编辑工作的吻合;三是认真精神与出版实践的吻合;四是服务意识与尊重作者、尊重读者的吻合,最后认定出版家巴金是"文化理想主义的出版典范"。读周百义的编辑出版论著,我觉得,他也是出版界的一位文化理想主义者,他在三十多年来的出版实践中一直坚持着自己的"文化守望",也正是对张元济、叶圣陶、鲁迅、茅盾、韬奋、胡愈之、巴金、胡风、张中行、周振甫、陈翰伯、陈原、赵家璧、范用、叶至善……这一代代出版家所创造的中国近现代出版文化传统薪火最好的承续与传递。这一卷编辑出版研究文章,有理论,有实践;有市场调研,也有数据分析;有具体的成功案例,也有不成功的经验教训。因此我觉得,这一卷书,实在可以成为当下任何一家出版社或大学里的编辑出版专业学生们的必读书,足以惠及尚未入门的诸多出版新手。

意大利著名作家和学者卡尔维诺,一生兼有作家、文学批评家、编辑出版人等多重身份,许多作家同行觉得他把那么多精力与才华用在文学批评和编辑出版上,以致影响了他个人的创作，未免有些可惜。卡尔维诺自己却很坦然，他说："因为做的是出版工作，我花在别人的书上的时间比自己的书多得多，我并不介意。任何消耗在有益于以文明的方式生活在一起的事务上的精力，都是适得其所的。"这是一种让人肃然起敬的敬业精神和奉献美德。我相信，这种薪火相传的文化情怀，将比任何虚浮的荣誉更有意义，也更能传之久远。

二○一五年二月十日，武昌

池塘边的树在等待雨滴醒来

博尔赫斯是一位"文豪"级的作家,曾经担任过拥有百万册藏书的阿根廷国家图书馆馆长。他给后人留下了许多关于书的名言,例如:"我的一生都在书籍中旅行""天堂的样子,也应该是一座图书馆的样子""书就像沙子一样无始无终,任何人都无法读到它的最后一页"。他还写过一篇著名的散文《长城和书》,探讨了秦始皇焚书的动机,认为秦始皇焚书的目的是为了"重新开创时间",以期让时间与他的"始皇"之称相匹配。博尔赫斯这样想象:"秦始皇筑城(长城)把帝国围起来,也许是因为他知道这个帝国是不会持久的,他焚书,乃是因为他知道这些书是神圣的,书里有整个宇宙或每个人的良知的教导。"身为国家图书馆馆长的博尔赫斯还是一位风格独具的诗人，他的《布宜诺斯艾利斯激情》《老虎的黄金》等诗集，在世界现代诗歌史上有着无可取代的地位。人们甚至称他为"作家中的作家"，把他列进了诺贝尔文学奖历年的错失名单之中。

博尔赫斯在《布宜诺斯艾利斯激情》自序中，写过这样一句话："我那时候喜欢的是黄昏、荒郊和忧伤，而如今则向往清晨、市区和宁静。"意思是说，他年轻时写的诗，未免有些"为赋新词强说愁"的意味，因为每个人的青年时代都是带着伤感与怯懦的。

读汤旭岩的诗，我很自然地想到博尔赫斯。一是他们都有坐拥书城的图书馆馆长身份；二是汤旭岩的诗也像博氏的诗歌一样，带有浓厚的"知性"乃至神秘成分，而早期的诗，也有着博尔赫斯式的"伤感与怯懦"。

《醒来·汤旭岩组诗二十篇》收录的不是汤旭岩全部的诗作，但是几乎他每个时期的作品都在这里留下了踪迹。如果说，"文化散文""文化小说"这样的说法是成立的，那么，汤旭岩的诗的题材，大多也与"文化"有关。用"文化诗"名之似乎有点奇怪，所以不妨以"知性诗歌"或诗歌的"知性"，来相对于我们常说的诗歌的"抒情性"。

这些知性诗歌，包括他的《剧场的记忆》，写的全是观看戏剧演出的种种感受与感动；《展览的心情》，写的是各种艺术展览带给他的种种联想与思考；《会飞的旅途》《行走的风景》《复活的符号》，写的是他在异域旅行、访问的观察与感受所得；《收藏默契》，写的是有关名物收藏的所见、所思与所感。

"恍惚间　没有了杂念/置身超越平静　我闭上眼/仅仅一个人的剧场/除了音乐　我什么也听不见。"（《一个人的剧场》）

"倘若舞台之外也攀比气质/掌声必将融入普通生活方式/哪怕街头捡来的戏/也能提炼自己。"（《演出自己》）

"不像是在剧场演奏/而像是和陶醉/有一个约定……/拍打梦想/跨越国度飞翔/滋生共鸣……/仿佛始终寻找/心灵深处/向往的环境。"（《共鸣》）

诗人喜欢去剧场观看演出。与一般观众不同的是，他每看演出，必有联想，必有所思。从这些诗句里，我们能感受到他内心世界的活跃、丰富与温润，感受到一种云水般的文化眷恋情怀。

从一滴水里闻到海洋的气息，从一粒沙子看到沙漠的影子，而给他一片小小的三叶草，再加上他的想象，就是一片辽阔无边的绿色草原。只有这样的读者和观众，才有可能成为诗人。所以，他看书法作品，能感受到那些字里行间的对话，有如裹挟着闪电雷鸣的情感泼洒；他看李青萍的油画，能产生如此共鸣："持久潜伏的琼浆，孕育着渴望伸展的激昂……流淌不再拘束于挤压，窒息中挣脱苍茫……"；甚至在异域的旅途中驻足谒拜一处墓园时，他的思绪也从没停止，当许多人匆匆走过，他却留下了如此深沉的诗句：

一尊尊守望　屹立起时光模样
穿凿心灵　默契地诉说以往

> 仿佛记忆的轮廓　与梦相撞
>
> 思量　也是雕塑
> 不妨留下　雕塑的态度
> 注目着　聆听高尚
>
> 　　　　　　　　（《雕塑的态度》）

　　人类古老的文明与智慧，当代人的文化艺术创造，以及在现代文明进程中日渐纷纭复杂、变幻莫测的世道人心，在汤旭岩的诗歌里都有响亮的回声和澄澈的反光。他用他的诗句，向先贤致敬，为传统招魂，也为一些永远飘逝的东西唱着自己的挽歌。他的诗歌中有广博的文化情怀和浓郁的知性，同时，当他回望乡村、在大自然中散步，在苍茫的天地之间一人独处、聆听自己内心的声音的时候，他的诗又变得单纯而抒情，诗人的赤子之心历历可见。

　　在《乡村往事》这组诗里，我们看到了那久违的乡村小池塘、萤火虫、小河、大雁、雄鸡、小树林、枝头的喜鹊等令人怀念的童年记忆中的词与物。他在《远离》一诗中如此感慨：

> 一条河　被流水放弃许久
> 相随的路　等待着
> 遗忘自己　曾经熟悉的脚步
>
> 忽然间　渴求远离

甚至越过鸟声　追逐荒凉心灵
寻访　无法埋葬诱惑的地方

　　这样的心境，其实也是身处物欲泛滥、人心浮躁的当下生活中的每一个人所共有的。也因此，当我们读到他的《池塘边的小树》《风雨清明》《遥远的灯》这样的乡村与大地怀恋主题的诗歌时，会顿时感到一种心灵的温润与明亮感。"心灵的跋涉，只为寻找清澈。"其实生活在城市里的每一个人，谁不有着忧郁的"怀乡病"呢！我甚至觉得，诗人把他的诗集题名"醒来"，也是在为了唤醒人们，能够更多地去"捡起风声遗忘的往事"，留出更多的时间和心情，去欣赏鱼儿撒欢和等待雨滴醒来。哪怕像诗人勃莱所咏叹的那样"贫穷而能听见风声也是好的"。

二〇一六年初春，梨园

面对桑梓故土,文学何为?

据说,诗歌界有"好诗在民间"之说,那些生长在"民间"的诗歌,好就好在它们的"草根性"。其实,散文界又何尝不是如此?很多散发着浓郁的田野气息和鲜亮的生活光芒的好散文,也出自最接地气的"草根作家"之手,来自质朴、丰富、鲜活的生活本身。我比较赞同这样的说法:"草根性"不应该是对写作者所属社会阶层方面的一个定义,而是对文学写作本源的一种命名。所谓"草根性",其实就意味着文学写作与"地气"的连通,意味着与每一个哪怕是最微小的个体生命的连接。

帅瑜先生是一位出生于贫穷的鄂西北小山村,在桑梓故土的风雨中成长起来,又在基层里"深扎"了大半生的散文作家。从青年时代,一直到退休,中间除了三年军旅生涯,其他大部分年月里,他都在自己的乡土上从事基层新闻工作。新中国成立后,由新闻通讯员、记者而成为一代散文名家的人,为数不少,例如穆青、孙犁、杨朔、刘白羽、徐迟、方纪、田流以及新一代的梁衡等。帅瑜也是一位通讯员、新闻记者出身的散文作家。如果散文里确有诸如"学者散文""军旅散文""工人散文"……这样的分类,那么,帅瑜的散文就是比较典型的"记者散文"。

在我看来,"记者散文",尤其是出自基层记者笔下的散文,有着别的散文无法替代的一些明显的特点,例如,注重亲历性和真实性;贴近生活,现实感和针对性强,写作素材往往来自生活"第一线",来自第一手的"田野调查";文字质朴、率真,文学性可能弱一点,但是鲜活、水灵,生气勃勃;最重要的是,优秀的记者散文,其生长状态往往与时代的节奏、生活的脉搏、历史的脚步,构成一种鲜明的对应关系,与时俱进。用孙犁先生的话说,这样的散文真实、朴素,因此"可以取信当时,并可传之子孙"。

《生活的回望》就是一部沉甸甸的"记者散文"。将近四十万字的文字,每一篇、每一段都带着质朴的草根特性。这是作者为自己的乡土和乡亲写下的风雨史传,也是献给家乡山河、岁月、草木、牲畜、物候、稻菽的感恩诗篇。

作者的青少年时光,正是全国农村各地普遍处在贫穷、落后、闭塞,甚至荒唐、愚昧、疯狂的极左年代。我们从他的书中看到了他对那个时代的家乡种种景象的真实描述。

《我上学读书的岁月》写出了一个乡村少年对书本和知识的渴求，对人类文明的向往，让读者感到了一种在贫寒中不堕青云之志，奋发向上、勤苦好学的励志精神。《一朵迟开在月亮河畔的山花》是一篇真挚动人的书信体散文，记述了作者小学时代一位命运多舛的女教师的人生故事，其中有对自己少年时代荒唐行为的愧悔，也有对那位女教师的善良心地和美好情操的赞颂。《务农岁月》记录了一代乡村青年几乎无一例外的"苦其心志，劳其筋骨，饿其体肤，空乏其身"的人生经历。《疯狂的山村》记录下了疯狂的"文革"时期，小山村里的人性所遭受的扭曲和荒唐行径。

《吃苦瓜记趣》一文，写的是在那些贫穷年月里的农家生活。因为一年四季吃不上几顿有点油水的饭菜，尤其是夏天里母亲炒的苦瓜，因为没有半点油星，吃起来就更觉得苦味重了。这种日子其实也真是难为持家的母亲了。作者写到一个细节：

……苦瓜的苦味满嘴跑，感到苦瓜越发苦了。我咧着嘴，龇着牙，嘟哝着："尽炒些苦瓜子。"母亲一听就火了，"你咋不给我割块肉回来？"正在吃饭的父亲就赶紧制止我："明娃子！"我知道母亲是在塞我，只好不做声了。

这样的细节真是又真实、又生动、又有力度。一个正在长身体的半大小子的不满和牢骚，一位母亲对贫寒生活的无奈、无助和无法诉说的怨气，还有父亲在这样的生活面前已经习惯了的隐忍态度，都在这两三句对话里得到了刻画。

像这样生动的细节在书中有很多。如《把火柴叫"洋火"的年代》里，也有一个小细节，再次让我们看到了那个年代里最真实的一幕，也看到了这位母亲的率直的性格：

> 记得有一次，我又买了一盒阿尔巴尼亚香烟装在身上，被母亲看见了，狠狠地吵着我："自己能挣钱了是吧？身上有两个钱，就不知道自己姓啥子了！没见过你这样的娃子。"我犟着嘴说："我又不吸的。"母亲一听又火了："你不吸，买它做啥子？"我说："我有时出门了，遇到熟人给别人吸嘛。"就为这一盒洋烟，母亲好好地把我吵了一顿。

他对自己的乡土与乡亲们的生活和命运的爱与知，让我想到俄罗斯白银时代诗人曼德尔施塔姆写给自己故乡的一句话："我回到我的故乡，熟悉如眼泪，如静脉，如童年的腮腺炎。"帅瑜对自己的乡土上的艰辛、悲苦和冷暖人情，体察得清清楚楚，所以他的散文里所讲述的故土风雨、乡民悲欢、草木荣枯，都是那么丰富和真切。

像《南河农民忧思录》《今昔摇家坡》《改革开放之初的家乡往事》《总想为老区人民做点事》等，篇篇可见作者对家乡的赤子之心。《南河农民忧思录》，写出了作者在立冬过后、大地一派枯寂的时节，站在故乡高高的山垭上，对南河镇这个贫

困山乡的沉重的忧思。全篇以一些最真实的调查数据为依据,找出了造成这里贫困落后的一些原因:

……我碰见一个四十开外的汉子,吃力地扛着一捆茶盅粗的杉树杆从树林里钻出来。

我问:"你为什么把这些小杉树都砍了?"

"这小杉树能做窗芯卖,一根窗芯八毛钱。我这一捆四根,每根能打两节,就能卖到六块四。"他慢吞吞地说。

我又问:"等杉树长大了,不就能多卖些钱吗?"

他不假思索地回答:"现在我要吃饭吵,还是先打个兔子别到腰里再说。"

这样的细节,似乎也是当下许多偏远山乡凋敝、落后景象的一个缩影,如果不是生活在第一线,如何能够想象和虚构得出来。

因为亲历、质朴、可信,帅瑜的不少散文也为故乡保存下了许多已经消失或正在消失的乡俗、风物、家什、行当或生活和劳动场景,所以他的散文也是很真实的"乡村生活志"。例如在《穿衣服的悲哀》一文里,他记下了山村妇女织粗棉布场景,写得极其生动真实和准确:

在那枯寂而又寒冷的冬天,我们帅家湾这个山凹里,就连山上的雀子也不叫了,到处都是静悄悄的。

然而，就是在这静悄悄的山凹里，六嬷嬷织布时双脚一上一下踩着踏板，带动整个织布机发出的声音从堂屋里传出来，却给这古老的山凹增添了生气，证明这里还住有人家。尤其是在下雪天，外面飘飞着不紧不急的雪花，六嬷嬷就坐在堂屋里的织布机上一梭一梭地织着布。她脚下放着烤火的烘笼缸，双手把织布的梭子从经线中间一甩过去，又甩过来，脚踏两个踏板上下交替踩踏，使经线交错，梭子带着纬线过去，然后"咔嚓"一声挤紧纬线，这就是织布。……

这样的细节，今天的年轻一代作者肯定是写不出来的，因为他们根本就看不到这样的场景了。除了织布，帅瑜散文里还写到了诸如山村油坊里的榨油匠、用竹篾做家什的篾匠等乡村匠人。从这些乡村匠人身上和他们正在失传的手艺里，我们看到了一代乡民的悲与欢，也看到了中国农耕时代最质朴的工匠精神和乡村伦理。就像《油匠保叔》里写到的那位"保叔"对作者说过的那句话："你狗日的给老子记住，凡是好东西，都是辛苦来的。"

再如《上薤山去采蕨》《老家的绣花鞋垫》《"母氏劳苦"》《童年的神秘星空》《恩粮》《腊月的老家》等，都是真挚、质朴的篇什，具有了散文应有的真实、质朴和原创性，也就是散文的"文学性"。

我比较认同这样一个说法：大人物书写的是历史，小人物书写的是散文。帅瑜对自我的身份认同和散文写作的定位，是十分清晰和明智的。他在《用文学作品"扶贫"家乡》一文里写道:"在我的家乡,那些可爱的父老乡亲,他们祖祖辈辈的名字和他们自己的名字,从未在纸上出现过。他们的喜怒哀乐,也从未有人去写过。今天,我能有这个能力,我要去讴歌他们、去反映他们、去探究他们的这个重任,自然就落在了我的肩上。因为,我是他们的儿子。"他说,"这,正是我创作上的不竭源泉。"他把贫困年代里喂养他长大成人的家乡的苞谷和红薯,称为"恩粮",而家乡的山水,"蕹山如我父,南河似我娘""大蕹山,南河水,永远在我生命里"。我相信,真正的草根性,必是源于赤子心。用文学作品"扶贫"家乡,这是多么质朴和善良的愿望!只有拥有这样的赤子之心,才能写得出最真挚动人的好散文,也才能回报曾经养育过他的故乡的山水和"恩粮"。

二〇一六年三月十四日,东湖梨园

序《我与兰花约》

初秋时节,洪登亮先生携一部散文书稿,自鄂南枉驾武昌,嘱我作序。一同前来的还有他的同事赵海林君。洪赵二君皆是在鄂南阳新县掌管文化艺术事业的官员,难得的是,他们在繁忙的公务之余,都钟情于文学,经常发起诸如"富川风文化沙龙聚会""黄石散文学会聚会"之类的雅集。每逢佳期,他们会遍邀本地的文人雅士,欢聚在山野水湄,操琴弄墨,吟诗诵赋,各展文姿,使一方文事,在熙熙攘攘、庸庸碌碌的物欲时代,竟也繁衍得欣欣向荣、声色并茂。

洪君不愧为文化官员出身,内心里有一种深深的文化情结和文化自觉。我们沿循着他的文字游踪即可看出,此君情志固在画山绣水,更在寻绎和发现中华文明的版图上,那些穿越了汗漫的时空、经历了无尽的沧海桑田而生生不息的"文化精神"和"文化穿透力"。在《乌镇印象》里，他把目光投向了滋育过现代大作家茅盾的那些民间的事物，那些河埠、水流和市声，想象着中国现代小说名篇《林家铺子》是如何诞生的；在《西溪偶见》里，他并没有一味陶醉在那些妩媚的自然风景里，而是念兹在兹，牵挂着那位写过千古名剧《长生殿》的大戏剧家洪昇，内心所思忖着的仍然是"文化"。在《东湖雪日探梅》里，他由眼前一树树雪中红梅，而联想到古人雪日探梅的各种情景，进而想到的是一个更深刻的问题："人已逝，梅犹存；时已逝，诗犹在。我不想作物是人非的悲叹，我只感叹文化的穿透力。千古以来，沧海桑田，老祖宗给我们留下了什么？是不是这穿越时空的文化精神？"他的文化漫游实在也是一种"苦旅"。

此君身为一方文化官员，对自己的乡土文化遗产、前辈乡贤的文化遗迹，尤其是对一些历经久远的岁月风雨而艰难地保存和流传至今的文化风习和地方文化种子，更是心存敬畏，尊崇有加而爱护备至。他的文字里留下了许多在鄂南这片乡土上遗迹拜谒、田野考察、文踪探访的记录，发现和破译着一方乡土上的沧桑史和文化生存之谜。他也驻足和徘徊在那些历经数代而旧颜未改的庙宇、老屋和断垣、残瓦之间，钩沉一些事件、一些人物的来龙去脉，寻找一些文化风尚和人物命运的转移秘密。《梦寻孟嘉》一文记述了作者对东晋时的阳新籍文人、山水诗人陶渊明的外祖父孟嘉的生平事迹的梳理和寻绎；《东坡铁壁寻踪》考证了宋代大文学家苏轼被贬谪黄州时，途经阳新所留下的文踪和摩崖手迹;《寻访钟繇墨池》,是对阳新龙港镇钟山上的传说中的古代书法家钟繇墨池遗迹的考察和怀古。《蓦然回首》一文里,表达了对已经成为国家"非遗保护项目"的民间艺术"阳新布贴"的欣赏和推崇;《说戏》一文,则是对一个清新、独特的地方戏曲品种——曾经被邀登过央视戏曲春晚舞台的阳新县采茶戏的一次专题研讨会的原原本本的现场记录。这一类文字,既是乡土风物史传的闪光片断,也是乡土艺林的疏枝和散叶,是对一方文脉的默默修复和疏通,是他书写在自己乡土上的文化追寻。

作者有言:"乡土的,地域的,独具的草根文化,是值得我们去敬畏的。它寄托着我们的许多文化情结,影响着我们的性格与情感。"他在为《阳新民间器乐曲类纂》一书所撰前言中,又写下了这样一段话:"文明之光,是历史的火炬。……我们不仅要高举起文明的火炬,更要为文明之光增添自己的光彩。我们每个人不必要为过去没有光彩照人的文明成就而懊悔,但我们必须要有为人类文明之光更加辉煌而努力的心志与行为。"是的,每一种文化和文明,包括我们的乡土故事、地方戏曲、民间音乐、乡野手艺……都会向过往去探求,并且在其中寻觅和发现自己的前世和今生。正是这种文化衔接,才构成一部贯穿古今的完整的"文明史"。

作者还有一类篇幅短小的美文小品,大都写得优美、精致,语言上也是空灵而清丽。《春的脚步》《夏日记忆》《秋的怀想》《满地菜花黄》《我与兰花约》《一窗新景入帘来》《柚树开花香半街》《枣树开花》诸篇,即是如此。

《春的脚步》从开首"当田头地边和池塘的草丛间响起咕咕啼叫的蛙鸣声时,春就开始热闹起来了"写起,以"这时,蝉儿贴在树梢,叫唤走了太阳,又叫唤来了月亮,春就悄悄地离开了"收束,不枝不蔓,剪裁有度,可谓浑然天成。《夏日记忆》文字简约而疏朗,收放自如。结尾的句子是:"我知道,在乡村每个人的心中都有说不完的夏日景象和夏日故事。而在我看来,最难忘的还是记忆中儿时乡村夏日的各种欢乐,最为奇怪的是,那时所有的不愉快,我现在却怎么也想不起来。"恬淡的文字,抒写的虽然是个人对童年、夏日、乡村的记忆和体验,却道出了一种共同的、足以唤醒所有人的记忆的、具有普遍和永恒意味的人类情感。日常生活中的细微的感受和体验,不再仅仅具有个人色彩,而是闪烁着"文学"的光华了。《我与兰花约》写得朴素而淡雅,文字里散发着兰草的幽香。为与兰花约,此君山野觅踪、花市寻芳,还遍访幽径,手植一方小小兰圃。临窗读书时也不忘移置一盆兰草于窗台之上,所谓"神与兰交,心共茶香"。其风雅如此,确如文中戏言:"神仙更是不及的了。""我与兰约,是我与兰之共处:友兰之德,爱兰之身,珍兰之性。"这不同样是一种谦谦而恂恂的"精神自洁"和"文化自觉"吗?《枣树开花》一文则对人世间的那些不计回报、不求显达而甘愿默默奉献的情操和精神,献上了最衷心的赞美和敬仰:"一些生长在优良环境的花草,非常娇贵,不是怕冷就是怕热,不是嫌肥就是拣瘦,而且往往昙花一现。而枣树不择土壤,不计肥瘦……也不去喧嚷着炫耀自己的功苦,更没有卑贱地低下自己高贵的头颅,而是坚强地活着,默默地吐出自己的芳香。"以小如米粒、淡然盛开的枣花暗喻一种可贵的人生境界，这是一篇带有情理并茂的哲思美文。

"我爱惜自己的荣誉，我坚持自己的写作，我愿自己的作品化作一泓清泉，一幅图画，一股暖流，一座航标，给干渴者以滋润，给劳碌者以消遣，给善良者以鼓励，给沉迷者以援手。"如此明亮、积极和温润的写作心态，在人心浮躁、物欲横流、文化失衡、道德失范的当下，真是弥足珍贵了。

山野茫茫，屐痕处处。大地飞歌，生命不息。人生之途终究如白驹过隙，而深沉的乡土之爱，却能够凭借真挚的文字而成为永恒。

《诸子百家故事》小引

编选在本书里的诸子百家故事,虽然并不是每一篇都是"寓言故事",但是,几乎所有的篇目里,都蕴含着中华古代圣贤和智者们的哲理火花和思想智慧。诸子百家故事,被人们赞誉为中国传统思想文化的精神源头和智慧源泉。这些伟大、朴素、智慧的历史故事和思想结晶,在今天,仍然闪烁着迷人的光芒,是治理家国、阅史处世、究理问道、知天悯人、励志修身等方面取之不竭的智慧之泉。

据说,寓言是我们这个世界最古老的文体之一。从公元前三千年左右,古巴比伦苏美尔人楔形文字书写中记载的哀悼牧羊神坦木兹的寓言诗算起,寓言迄今已有五千年以上的历史了。当历史的脚步抵达公元前六世纪左右,在古希腊,智慧的伊索出现了；在印度，寓言巨著《五卷书》诞生了；而在中国，正值春秋战国时代，先秦诸子百家灿烂的思想学说和寓言杰作，也横空问世了。孔子、庄子、老子、孟子、韩非子、列子、墨子、管子……寓言大匠纷至沓来，极尽中国古代智慧故事一时之盛。也正因为有了先秦时代和诸子百家们互相争奇斗艳、灿烂缤纷的智慧学说，文学史家把古希腊、印度和中国并称为世界三大寓言发祥地。

本书选编了中国古代诸子百家的各类代表性的寓言故事、智慧故事、人物故事、历史故事、幻想故事、训谏故事数百篇。这些故事首先可以让今天的少年儿童读者直接感知，早在中国古代的春秋战国时期，就出现过如此灿烂辉煌、百家争鸣的思想文化繁荣时期，我们应该为中华古代文化智慧感到无上的骄傲和自豪。因为这些思想学说和智慧故事，不仅影响着后世的中国一代代文化的推进，也在全世界范围内产生过巨大的影响，直至今天。其次，这些智慧故事，有许多直到今天仍然家喻户晓，还在对我们认识历史、认识世界、认识人生、完善人生，起着教育、励志和启迪作用。

我国当代童话和寓言家严文井先生写过一篇《关于寓言的寓言》，其中有这样一些机智的比喻：寓言是一个魔袋，袋子很小，却能从里面取出很多东西来，甚至能取出比袋子大得多的东西。寓言是把钥匙，用巧妙的比喻做成。这把钥匙可以打开心灵之门，启发智慧，让思想活跃。寓言本来是来自普通人的言谈，几乎任何人一生中都能讲一些聪明话，有的就是寓言；有心的诗人和哲学家听见了，就用文字把它们记了下来。历史这个巨人很喜欢这些记载,就把它们珍藏起来。以后,当普通人从书中再看见寓言的时候,忘了这是自己讲的,不禁大为惊讶,叫道:"这是一些什么样的珍宝呀,这样光辉灿烂!"诸子百家故事,正是这样一些光辉灿烂的思想和文化的"珍宝"。

二〇一五年冬天,武昌

《译林》的"国际范儿"

前些时整理书房时,觉得实在是空间有限,书刊塞得太满了,想找一本急用的书,竟要付出不少搬移之苦,于是狠下心来,让人来拉走了十几纸箱不再需要的书刊。其中就有我保存了三十多年、几乎是全套的《译林》《读书》和《诗刊》杂志。不过,一九七九年出版的那期《译林》创刊号,我倒没有舍得送人。这本创刊号我保存得很好,几乎像没有翻动过一样,除了正文纸张有些发黄了。我喜欢创刊号的那个朴素简洁而又大气的套色封面,那是由"Yilin"的汉语拼音演化成的几株挺拔的绿树,背后是一片繁茂的树林,象征着明天的文学"译林"的繁茂与生机。

创刊号上全篇刊登了阿加莎·克里斯蒂畅销全球的推理小

说《尼罗河上的惨案》。此举也就此奠定了《译林》后来的两大特色：一是每期都会不惜篇幅，完整刊载一部最新的长篇小说译作，三十多年来未改初衷；二是在选择译介什么样的长篇小说时，视野开阔，肯为大众读者着想，较多地容纳了诸如探案、推理、悬疑、商战、特工、豪门、惊悚、黑帮、纯爱、迷情等"类型小说"和畅销作品。这种不避"通俗文学"嫌疑的独立个性，《译林》也坚持了三十多年。

据说，《译林》创刊之初，有一位翻译界的老前辈，就为创刊号译载了《尼罗河上的惨案》而向中央有关领导投书，对《译林》所倡导的文学"品位"，提出过批评。这是那个年代和那种文化政治环境下的"时代症"，时过境迁，事实早已证明，《译林》的胸怀、眼界、品位是具有前瞻性、开放性和包容性的。她从创刊之初就确立了自己紧追世界文学畅销热点、尽力做到雅俗共赏的"海派风格"。我想，这也是大众读者愿意追捧这本在当时和现在都不多见的外国文学杂志的主要原因吧。实际上，《译林》创刊初期，也曾拥有钱锺书、杨绛、卞之琳、戈宝权、冯亦代、王佐良等二十多位国内一流的翻译家和外国文学学者担当编委。直到今天，在她最新一届编委名单里，依然有王宁、王守仁、王理行、刘文飞、许钧、杨武能、陆谷孙、陆建德、陈众议、金圣华、赵德明、郭宏安、顾爱彬等译界名家。有这样两份声名赫然的译文专家名单，我相信，读者们大致是不用去怀疑《译林》的文学选择的吧。

从二〇一三年第一期起，《译林》又来了一次"华丽转身"，从开本、整体设计、栏目位置、正文版式甚至包括纸张和印制风格等，都作了全新的调整。开本变得阔大，大量彩色图片的引入，几乎与世界文坛热点同步的作家访谈、动态报道、大奖点击、新书速递等栏目，以及诗歌、随笔、热点巡礼等内容在刊物位置中的前移，打破了许多刊物中常见的四平八稳的陈规，使《译林》更具有文化时尚感和"国际范儿"，其原有的"海派风格"也更加凸显。这种面貌的改变，不仅是一种与时俱进的创新风尚，而且对于获得年轻一代读者的认同，吸引"新新人类"参与世界文学的纸质阅读，都可谓用心良苦。

  诗人、翻译家绿原先生曾有一个出自个人深刻体验的联想：好比爱结网的蜘蛛有一种奇怪的本能，辛辛苦苦刚结出一面可以容身的网，忽然被一阵风雨摧毁到一丝不挂，但它并不灰心，重新又一缕一缕吐丝编结；再一次摧毁，再一次重新编结。绿原说，这种本领，在许多爱书人和读书人身上也不难发现。面对二〇一三年全新面貌的《译林》，我突然觉得，自己这种劳蛛结网似的本能又重现了。就是说，不久前才把积攒了三十多年的《译林》送给了他人，现在忍不住又想积存新的《译林》了。

二〇一三年六月十七日，武昌

《读者》伴我三十年

《读者》创刊二十年的时候，我应邀为她写过一首祝贺的小诗《致〈读者〉》：

> 读你，即是阅读世界，
> 读你，就像水手去航海，
> 你的忧愁和艰辛，
> 是我的雨雪和风暴；
> 你的欢乐和喜悦，
> 是我的阳光和云彩。
> 能做一名读者是幸福的，
> 我阅读，所以我美丽，
> 我思想，所以我存在。

转眼之间,又是十年的光阴默默地逝去了。《读者》伴随我已经三十年。人生逆旅,际遇匆匆。三十年来,我搬过好几次家,每次搬家,都会忍痛处理掉一些书刊,可是,唯有《读者》,我却保存着从她创刊的初期(那时她还叫《读者文摘》)直到现在的几乎每一期。这是我三十年来一个美好的阅读与记忆的花园。我喜欢一年年里开放在这个花园里的那些清新和芬芳的文字的花朵。

《读者》从创刊至今,一直保持着一种清丽、明亮、隽永、温暖和平实的风格。我从内心里追慕和喜欢这种美文风格。这也是我在自己的文字里所追求的目标。三十年来,我无数次从她的文字里获得过心灵的慰藉和励志的力量。三十年来,我自己所写的一些散文,也有幸多次被《读者》刊载。我没有具体去做统计,但粗粗算来,三十年间至少也有三十篇了。我知道,许多陌生的读者对我的散文的认识和熟悉,也都是因为《读者》。

在《读者》纪念创刊三十年的日子里,我愿再为她献上一首小诗《甘泉与清风》,借以表达我的感激和祝贺:

> 你是从悬崖上默默伸来的
> 一根根供我攀援的青藤;
> 你是旱天里高高的芦苇
> 为我吹奏的清新的笛声;
> 是风雨之夜里和我同行的
> 一串串深深浅浅的脚印;

是孤独的旅途上送给我的

一杯甘泉和一袭清风；

你是从天边遥寄的一纸问候；

是在忧愁和艰辛的日子里，

给过我温暖也给过我慰藉的

一双美丽而温存的眼睛……

　　　　　二〇一一年三月五日，武昌梨园

致《点滴》编者

《点滴》编者诸君：

感谢你们每期惠赠《点滴》杂志给我。久仰你们勤勉的工作和出色的作为，细读每期《点滴》，果然是名不虚传。刊物虽小，却雅致而切实，让我等读者能在大师故居和研究会的现场之外，领略到"巴金圈"的文人们及其作品的故事和风采。

立民先生的《〈点滴〉编余》，虽然只有短小一面，却有实在的内容，起到了答疑解惑的作用，文笔也是简洁清丽。再如第一期里补白在龚明德先生文章后面的那段"编者附语"，立场清楚，识见分明，我很赞成这种观点。此外，刊物的一些小栏目均以巴老的书名命名，甚有意思，也颇合适，而且富有美感，足见诸君编刊的绵密心思。

野人献芹，有两点小建议，可请诸君考虑：一是每期封面上的主图，可否刊登一张巴金原版著译书影供读者欣赏？巴老著译无数，毕竟一般读者都难得一见早期一些原版丰采。二是世界各地游客观众写在巴金故居留言册上的文字，可选择有特色和精彩的，源源不断地在每期上刊登出几条。再次感谢你们惠赠的清雅小刊，祝愿你们越办越好。

　　即颂

编祺！

徐　鲁

二〇一二年八月九日，东湖梨园

我心目中的好副刊

《人民日报》的"大地",《文汇报》的"笔会",《羊城晚报》的"花地",《新民晚报》的"夜光杯",《光明日报》的"文荟",《湖北日报》的"东湖",当然还有《天津日报》的"文艺周刊"和"满庭芳",都是我心目中的"中国好副刊"。我平时最喜欢阅读的,也是这几家副刊。我不是天津人,也不在天津生活和居住,但作为一位散文作者,我与天津还真是有些缘分:我的散文在《天津日报》副刊上和在百花文艺出版社出版的《散文》上刊载的数量,比在全国任何地方都多。

我最早阅读《天津日报》的"文艺周刊",是在三十多年前的大学时代,参加工作后有薪水了,又订阅了孙犁先生主编的《文艺》杂志。孙犁先生所编发的作品风格大都是清新朴素的，对我学习写作起到了很大的影响。我第一次向《天津日报》投稿，是在一九九五年前后，投给"文艺周刊"的《儿童诗四首》，责任编辑是诗人宋曙光先生。这组小诗刊发后，很快就被上海的《儿童文学选刊》选载，并且获得了第十五届"陈伯吹儿童文学奖"（如今这个奖已经更名为"陈伯吹国际儿童文学奖"）。这是《天津日报》带给我的好运。

后来，我更多的是给"满庭芳"副刊写稿。最初给"满庭芳"这样的综合文化副刊写稿时，我没有经验，不是写"深"写"偏"了，就是写长了，所以曾经被责任编辑白丽"冷藏"了很长一阵子。寄去了好几回稿子，都进不了"满庭芳"的大雅之堂，只好一人向隅、面壁思过。好在大约一年之后，我没有气馁，再次去寻觅"满庭芳"的芳踪，总算重新获得了白丽的青睐，从此每年都会在"满庭芳"刊发不少篇短文。最近五六年以来，总计刊发的短文至少也有四十几篇了，足够一本散文集的数量了。这是我的幸运，因为我遇上了像宋曙光、白丽这样约稿殷勤、循循善诱的好编辑。

记得前年，宋曙光先生从电视节目上看到，湖北有一位小伙子王国林开了一家名叫"百草园"的小书店。小王参加了江苏卫视的《最强大脑》节目，用自己的记忆去挑战"书架检索"的技能。节目组从他寓目的数万册书籍里，随机挑选出了三千册放进了演播室，然后请观众任意取出一本书，让他报出这本书的价格、作者和出版社的名字，小王竟能一一答对。曙光先生大概被小王的事迹感动了，就特意打电话给我，让我去寻找一下这家小书店，去写一写这个小伙子和他的小书店的故事。"为嘛一定要去看看呢？因为像这样爱书的年轻人，少见！"曙光先生做事认真，担心我不写，又叫白丽打电话提醒和催促我。于是，我就遵嘱去找到了这家小书店和它的主人王国林，给"满庭芳"写了一篇《小书店之美》。身为副刊编辑，他们竟然还能亲自去为作者们留心和发现新鲜的故事素材！后来一想到这件事，我就觉得特别温暖和感动。

如今，"满庭芳"已经出满四千期了，这真是一个了不起的数字！不知道中国还有什么副刊创造过四千期这样的纪录，我想，总不会是很多吧。真心地祝愿《天津日报》"满庭芳"以及"文艺周刊"，承续着孙犁先生等前辈报人留下的美好文脉和副刊传统，越办越好。满庭芬芳，香溢清远。

二十年来读与写

"客子光阴书卷里,杏花消息雨声中。"用宋代诗人陈与义这两句诗来描述《中国出版传媒商报》与我二十年来读与写的友谊,也颇为恰当。前一句描写的是我阅读生活的常态,后一句指的是每一期商报所传达出来的书林消息。

甚觉荣幸的是,自《中国出版传媒商报》创办之始,我就做了她的作者。二十年来,商报的报名和书评周刊的名称都有过变更,与我直接联系的编辑,有的陆续调走了,但那支友情的接力棒,却始终没有落地,一个编辑接着一个编辑地传递在我手上。粗粗算来,二十年来我在商报发表的长长短短的书评文字,至少也在百篇以上,其中以童书书评为主。如果说,文章是有血脉、有温度的,那么,这一百多篇书评,就凝结着我和商报二十年不离不弃的友谊，也大致呈现了一个书评人二十年来在童书领域的"个人阅读史"。

  与我保持联系至今、已经有着十多年默契友情的一位编辑，是主持童书和文史书评版的郑杨女士。十多年来，除了我自己的投稿，还有不少书评，都是郑杨自己先发现和找到了好书，然后快递给我，约我撰写书评的。她给我的印象是：选书品位很高，目光极其精准，阅读视野也比较开阔。郑杨的性格沉稳、低调，待人诚恳、周到，而且十分敬业。以前我还在出版界服务，每年都会去北京参加书展、图书订货会，每次去，郑杨都会抽空约见我，悄悄送给我一点她自己买的小礼物，让我感受到了一种友情的温暖与细致。有时她会抽出时间陪我去新浪网做节目；快到年底时，她会早早地提醒我，约我为当年的童书创作与出版做"年终盘点"。至今我还珍藏着多次整版地刊发了我的书评的商报，这些"大块文章"也都是郑杨约稿、并且慷慨地给予了阔气的版面。商报的书评文章大都是清新的美文风格，摇曳多姿，很接地气，颇似纽约时报书评，是我爱读的。有一些综述书评，也带来新鲜的学术气息，显示了商报活跃的思想力量。

  商报创办十周年的时候，我荣幸地被选为商报"十位优秀书评人"之一。这是我作为书评人颇为自豪的一个纪念。值此商报创办二十周年之际，我从心里深深感谢商报对我的看重和不弃，并祝愿商报继续引领出版传媒的文化和市场风尚，为建立书香社会做出更大的贡献。

从高原到高峰
——《文艺报》儿童文学评论专版四百期感言

《文艺报》儿童文学评论专版，创设于一九八七年一月二十四日，由冰心老人题写刊名，至二〇一六年七月，已出刊四百期。七月二十九日，由文艺报社、湖南省作家协会、长沙市文联、湖南省儿童文学学会联合举办的"高原到高峰——《文艺报》儿童文学评论创办四百期座谈会暨李少白儿童文学创作研讨会"在长沙召开。本文系笔者在会上的简短发言。

当年的儿童文学前辈真了不起，不仅在赫赫有名的《文艺报》上创办了这个专版，而且还特意请冰心老人题写了刊名。冰心老人的这几个字写得真是有味、耐看，透出一种纯粹、纯净和生动的童趣，让人越看越喜欢。设想一下，"儿童文学评论"刊名如果换成另外的字体，那肯定要逊色得多。

实际上，这四百期儿童文学评论，相对《文艺报》别的评论版块和副刊而言，真的是更加具有纯粹、纯净和独立性，没有沾染太重的商业气息，只是带着单纯的童心和童趣。不曾有谁敢于在这四百期里，"买"上两个版面刊发自己的宣传文字。那样做，肯定也是冰心老人的在天之灵所不允许的！因此我说，这个专版，一直保持着她的纯粹性和独立性。

在这三十年来出刊的四百期里，我有幸为她写过不少小文章，从刚创刊的初期，一直写到今天，既是她的作者，又是她忠实的读者。这个专版也刊发过不少关于我的作品的评论文章。这使我又增添了一些亲切感和归属感，真是"与有荣焉"。

"儿童文学评论"专版的"好"，是一言难尽的，再怎么赞美也不为过。她已经成为我国儿童文学创作和出版、特别是文学评论和理论探讨的一个重要窗口和"风向标"；她一直站在儿童文学创作的最前沿，站在儿童文学理论研究和文本批评的高原上，评衡得失与是非，传递最新的信息，推介最新的创作与研究成果，对有的重大创作和出版现象，还不时地组织一些深度评析的大块文章，每年年终还会组织几篇年度创作述评（我也曾有幸应邀撰写过几次年度儿童文学创作述评或年度儿童诗歌创作述评）。这些都是大家有目共睹、并且深受其惠的。我相信，这四百期专版，也为后来的撰写儿童文学史的人，留下了丰富和鲜活的资料。

一片生态优良的树林，一定不是只有单一的树木品种，而是"混交林"，有着各种乔木、灌木，有大树也有各种小花草，杂树生花，或者杂花生树。在这里，我提两点小建议：

一是希望"儿童文学评论"今后除了关注小说、童话这种儿童文学创作中的"主流文体",还应对一些比较边缘化的"小文体",如儿童剧、童话诗、少年文学传记甚至儿童曲艺等,给予关注。过去,我们的儿童文学小百花园里,各种文体品种是应有尽有、丰富多彩的,但是,现在随着市场化越来越紧密的介入,儿童文学的生态也遭到了一些伤害,有不少孩子所喜闻乐见的小文体,被冷落、边缘化乃至快要"失传"了。"儿童文学评论"应该起到保护和修复儿童文学良好生态的作用。

二是评论文章也应该写得"好看",哪怕是短小的书评和文学随笔,也应该讲究文采之美,多刊登一些摇曳多姿、生动活泼而又言之有物的文章。学院式的高头讲章和纯学术论文式的文字,好像并不适合这个专版,因为这毕竟是一个报纸副刊。还是言之有物的"小块文章"比较活泼和耐看。

《纽约时报书评》的文章,有时只有几百字、千把字,却往往文笔漂亮,也不乏批评激情,同时也照样可以写得犀利和深刻。打个不恰当的比方,"儿童文学评论"专版,可以办成《文艺报》的"纽约时报书评"式的副刊。那样或许能真正由高原走向高峰。当然,诚如有的专家所言,中国的儿童文学发展既要有全球视野,更要有文化自信,儿童文学理论评论也要特别讲求"中国风格"和"中国气派",用中国人自己创建的新概念、新理论、新方法来对作家作品展开理论批评。

二〇一六年七月二十九日,长沙

文化盛世中的"一小步"

有一些被习惯于"宏大叙事"的历史学家、文化史家所忽略和掷弃的文化细节,有一些发生在过往岁月里的、往往不被锡嘉以"历史"或"文化史"之称的许许多多文化故事、现场和瞬间,正如在历史长河上游动的鲜亮的鱼儿,它们往往不被历史学家和文化史家钓起,却能进入《会员》编辑者的鱼篓里。这也正是每一期《会员》内容丰盈鲜活和紧接地气、资讯密集而信实的意义和价值所在。最美的青山,总是一叠一叠堆积起来的。中华文化促进会会刊《会员》也以孜孜矻矻的每一期,采撷和汇集起当代中国文化的金枝玉叶,让我们看到了这个时代丰盈多姿的文化景象。值此《会员》出刊一百期之际，谨致真诚的敬意与祝贺！这是文化盛世中的"一小步"，却也是中华文化促进会每一届领导团体和工作团队的"一大步"。祝愿《会员》保持自己一贯的丰盈、鲜活、信实和紧接地气的风格与传统，越办越好。

二〇一六年五月十二日，武汉

"手抄本"的年代

现在不仅难得见到"手抄本"了,读书也早已没有了什么"禁区"。二十世纪七十年代我念中学的时候,却是十分热衷于"手抄本"的。那时候的"手抄本"也真是多,越是被禁止的东西,就越具有诱惑力,用我当时的一位同学的话说,"偷吃的肉,味道最香"。倘若放到今天来看,有些"手抄本"其实是没有什么的,根本用不着弄得那么神神秘秘的,竟然也吸引着我们背着老师和家人大抄特抄,就像《爱的教育》里的那位小抄写员一样,于夜深人静之时,秉烛疾书,抄抄读读,如痴如醉,再加上一点儿紧张和好奇,往往抄得不知东方之既白。

我最早抄过的几种"手抄本",都是当时难得看到的文学作品,是"好书"。如包括长诗《茨冈》在内的《普希金诗抄》

《裴多菲爱情诗抄》和《海涅诗歌选集》。还有一本日记体小说《莎菲女士的日记》。当时不知道这是丁玲的作品，我们都当作者是"莎菲"。记得我还和一位同学分工合作，抄写过一本完整的《包法利夫人》。我从第一部开头的"我们正在自习，忽然校长走了进来……"抄起，一直抄到第二部结束："……他们在圣·爱伯朗胡同口分手，这时教堂的钟正打十一点半。"另一位同学则接着抄完第三部。那位同学的钢笔字当时是班上写得最好的，且写得又快。后来他果然在硬笔书法领域出了些成果。抄"手抄本"抄出一个书法家，这可是当时我们谁也没有想到过的。毫无疑问，这些"手抄本"的外国文学作品，对我以后的爱好文学，走上文学创作的道路，起了一定的影响作用。

长篇小说《第二次握手》在当时也曾以"手抄本"的形式流传着，它还有一个书名叫《归来》。当时传说这是一部"反党小说"，校方也曾严令禁止传抄的。不过到了一九七八年春天，还没等我们找来"手抄本"，《中国青年报》开始公开连载这部小说了。作者是张扬。我们班上有一份《中国青年报》。报纸一到，因为大家都想抢着看，班长想了个办法，每天中午他来读报，愿意听的都可以来听，过期不候。《第二次握手》我们就是这样一天听一段而听完的。

当时听来，苏冠兰、丁洁琼和叶玉菡这几位科学家的命运纠葛和爱情故事，也真是曲折动人。我曾经手抄过其中的几封信，并且在与故乡的同学通信时，模仿过它的语言句式，直到今天还记得。如："面对着重重困难和矛盾，我明白了自己是一个懦夫，明白了自己没有勇气去斗争、去摧毁那黑暗的、披上新式洋外衣的封建势力所强加于我们的镣铐。我只是希望在严酷的现实中寻一条缝隙钻过去，或是找一条小道绕过去。……"这是苏冠兰写给"亲爱的琼姐"的信中的句子；而"琼姐"写给"兰弟"的信，更是叫我激动不已，例如，"我日日夜夜、时时刻刻都在思念你！……我一点也不怀疑，我们一定能冲破人生大海中的重重激流、险滩，重新相会！一旦那个幸福时刻降临，我会怎样呢？也许我会哭，会笑，会兴奋得有点失常，要知道，我已经为漫无际涯的离别流够了眼泪……"

此情此景，此言此语，正是非常适合我这个远离故土、远离了青梅竹马的伙伴而独处异乡的少年人的心境。"琼姐"说："即使到了白发苍苍的暮年，我都可以说，我的心，我的一生，是属于你的！一个人的爱情只有一次，只能有一次，也只应该有一次……如果万一是由于你不在人世了——写到这里我浑身战栗了一下——我就独身过一辈子。"在当时，我把这样的句子奉若圭臬。

一个时代有一个时代的理想追求，一代人有一代人的精神特征，同样的，一代中学生也自有一代中学生的文学趣味，它们都明显地带着自己所处的时代的烙印。回想起二十世纪七十年代末，我们半夜里躲在寝室里，点着蜡烛，埋头抄写"手抄本"的情景；中午不休息而早早地来到教室，听班长给我们读连载小说的情景……我不禁为我们那时的读书热情而感动，同时也为那个时候好书的贫乏而难过。

在当下的"快餐式阅读"风气里，在数字阅读、图像阅读和"浅阅读"盛行的时代,"纯手工制作"尤其显得珍贵。因此,我对读者尤其是少年读者们有一个小小的建议:遇到自己心仪的好书、好段落、好句子,也不妨再动手"手抄"一番。那可能比一般的阅读更能抵达和温暖心灵。阅读是一辈子的事,而童年的阅读,是一生的邀请。有些书,一个人如果不在童年或少年时代读到它,或不曾在童年和少年时为它动过真情,那么这个人的性格、气质以及整个的精神就将是不健全、不文明的,是非常可惋惜的。阅读润泽成长,文学温暖人生,信哉此言!

致"长江读书节"

  图书馆是人类文明的圣殿。已有一百多年历史的湖北省图书馆，是矗立在荆楚大地上的一座文明之塔和武汉这座大城的文化地标。每次走进省图，我就会想起阿根廷国家图书馆馆长、大诗人和小说家博尔赫斯的那两句名言："在图书馆里，每个人都在寻找属于自己的那本书""天堂的样子，应该就是图书馆的样子"。人世间还有什么比阅读是更幸福的事呢？但是阅读必须是有质量的。能够照亮人们的心灵、给日渐浮躁或萎靡的人们带来提升的力量和信念的，必定是好书所发出的光辉。在我的心目中，有质量的阅读，必须是包括阅读那些有根基的、能够为我们一代代中国人的精神底色增添厚度的书，比如凝聚着中华民族传统文化根脉、足以当得起中华民族五千年文明的中流砥柱的那些经典好书。

二〇一六年夏末

善待母语，敬爱母语
——写给大学新生们

前两年，曾有一家出版机构在大学生群体里做过一次阅读调查，发布了一个所谓"死活读不下去"经典文学名著排行榜。令人惊讶和忧心的是，中国四大古典文学名著也排在这个"排行榜"前十名书目里，其中《红楼梦》赫然排在第一位。另外还有《百年孤独》《瓦尔登湖》等外国文学名著。老作家王蒙先生看到这个消息后，甚感惊异和忧虑，曾在不同场合反复慨叹过："连《红楼梦》都读不下去，这简直就是读书人的耻辱嘛！"

现在我们国家正在大力倡导全民阅读，营建"书香社会"。如何提升全民阅读能力，如何培养青少年亲近经典、阅读经典的热情，不仅是中国，其实也是世界许多国家正在面对和相当紧迫的一个问题。大学新生是一个庞大的、关乎国家和民族未来的整体阅读素质的年轻群体，如果能够把大学生们的阅读问题解决好，让大学校园里弥漫浓郁的书香，而不是什么嘈杂盈耳的赚钱逐利和所谓"创业"之声，那该是多么美好的一件事情。

当安安静静的阅读在大学校园里受到了应有的尊崇，阅读真正成为大学生们一种自觉的风气和习惯，大家也并非为学分和庸俗的功利需求而读书，而是为了充实、完善、滋养自己的情怀，提升自己的生命境界而读书……这样的校园，才是真正的"书香校园"。当这些年轻人走出校园进入社会后，就有可能带动和影响全社会的整体阅读风气与文明程度，所谓"书香社会"，也方可期待。

当然，大学新生应该多读一些什么书，也是一个问题。对此，依据我个人的阅读经验，我有一个最基本的认识，那就是：不熟悉自己的家园、文化和根脉的人，对全世界也将是陌生的。作为一名炎黄子孙，尤其是数千年来生活在农耕文化背景下的中华民族的子嗣，我们的乡愁，我们的文化情怀，从来就与我们的生活与命运如影随形、密不可分。从古老的《诗经》开始，从中国历史上的第一封家书开始，我们的方块文字，我们美丽的母语汉语，就不仅仅是我们赖以生存和交往的工具，也不仅仅是我们全部文化与文明的载体，而是我们最初的和最后的心灵与回忆之乡，是我们全部的记忆与乡愁。从诗经、楚辞到汉赋和乐府诗歌，从六朝诗文到唐诗、宋词、元曲、明清传奇……一直到我们现当代的新诗和白话散文里，浩如烟海的诗文，都在抒写着中华民族曲折的故事、漫长的记忆和最深沉的乡愁。一个在中国大地上长大的孩子，怎么可以不去阅读这些"中国故事"，不去熟悉自己的文化根脉？因此，我对大学新生们有一个小小建议就是：要善待我们美丽的母语和古文，善待我们的古代文化经典。进入大学后，面对浩如烟海的书籍，不妨先从我们美丽的古文读起，从我们的古代文学名著读起。

回忆起来，我在大学时代读过的、可以称其为"打底子的书"，同时也在古文修养方面起到了"垫底"作用的书，而且至今还保存在书柜里，时常还会翻阅、诵读和温习的，首先要感谢下面这几部书。我也愿意在这里推荐给今天的大学新生们。这些书目前都还在不断重印，使一代代大学生深受其惠，也证实了它们的生命力与影响力之大。

《古代散文选》（三卷本）。这是由人民教育出版社约请数位中国古典文学、古代汉语专家，包括隋树森、张中行、李光家等前辈，精心编选和注释的一套古代散文读本，不仅选文精当，注释也清新易懂。

《历代文选》（两卷本）。这是由中国人民大学当初的语文系文学史教研室的冯其庸、刘忆萱、芦荻等教授和教师们精选、注释的一套选本，所选文章兼顾了历代不同风格、不同流派的名作，上起先秦，下迄清末。每篇文末均附作者小传和作品题解，对文中的词句和涉及的典故等，都做了浅近通俗的注释和简要的串讲。

《古代汉语》（全四册），王力主编，中华书局出版；《中国历代文学作品选》（全六册），朱东润主编，上海古籍出版社出版。这两套书自不必多言，多年来一直作为大学本科的古代汉语和古典文学阅读教材使用，也应该成为今天的大学新生们的案头必备书。还有一套比较通俗和清新的《文言散文的普通话翻译》（共三册），于在春翻译，上海教育出版社出版。这套书曾让我真切地感受到了从古代汉语转换成现代汉语，应该如何做到准确、流畅与美丽。古代和现代母语的魅力，散发在每一篇美丽的古文和现代白话文的译写之中。

大学期间我还对刘逸生的《唐诗小札》《宋词小札》爱不释手，这两本书一本是诗话，一本是词话，用浅显的散文语言来讲解和描述古典诗词意境，文笔清丽而简约，是我阅读唐诗宋词最早的"入门书"。后来有点不满足了，又喜欢上了周振甫先生的《诗词例话》和王力先生那部厚厚的《汉语诗律学》。此外，《古文观止》《昭明文选》这两套古代人编选的古文选本，也是我学习古文时时常诵读的书卷。

诗人余光中在大学里学的是英文专业，却始终执着于对美丽的汉语——我们的母语的热爱与维护。"蓝墨水的上游是汨罗江"，他曾形象地比方说：当你的女友改名为"玛丽"或"赛琳娜"，你还能送她一首《菩萨蛮》吗？"老祖宗留下的传统母语平仄押韵，这是英文无法替代的，唐诗宋词，多么美的诗文，翻译成英文，恐怕就找不到这种感觉了。"因此，余光中殷切希望年轻一代都能好好地掌握母语，要善待母语，敬爱母语。

屠格涅夫在索居巴黎的日子里，曾经写道："在疑惑不安的日子里,在我痛苦地思念我的祖国,惦记着她的命运的日子里,给我鼓舞和支持的,唯有你啊,美丽的、有力的、真挚的俄罗斯语言……"我们爱自己的祖国,爱自己精确、美丽、丰富与神奇的母语,也应该这样爱,也应该爱得这样深挚。

  中华文化是我们永远的根,树影拖得再长也离不开树根;游子走得离家再远,也走不出母亲和故乡的心。不管将来你身在何处,方块字和汉语,永远是滋养我们的文化、精神和根脉的一方厚土。美丽的母语和古文所承载的无边的乡愁,正如诗人流沙河在《就是那一只蟋蟀》里所吟唱的:"凝成水,是露珠;燃成光,是萤火;变成鸟,是鹧鸪,啼叫在乡愁者的心窝。"

二〇一六年深秋,东湖梨园

从"新潮儿童文学丛书"说起

三十年前,张秋林社长领导的二十一世纪出版社(当时还叫"江西少年儿童出版社")在庐山召开的那个带有"划时代意义"的儿童文学创作会议,以及不久后编辑出版"新潮儿童文学丛书"时,像我这个年龄的、出生在二十世纪六十年代的作家,几乎都还处在写作准备期,还没有"浮出水面"。我算是这个年龄的作家中进入儿童文学界比较早的一个。但是也要到一九八九年夏天才出版了我的第一本书——儿童诗集《歌青青·草青青》,由中国少年儿童出版社出版。

我算有幸,在"新潮"丛书里、由高洪波老师主编的《八十年代诗选》里,选了我的一组作品。这组诗歌最初发表在《诗刊》上,编辑是现在的著名诗歌美学家和批评家唐晓渡先生。记得晓渡当时给我写信,肯定说:这组儿童诗有一定的"探索性",无论是语言上还是内容上。实际上,当时我写这组诗歌正是受到了法国未来派诗人阿波里奈尔的那首著名的诗《蜜腊波桥》的影响。他写的是两位恋人,站在塞纳河上那座著名的蜜腊波桥上,望着桥下的流水,所发出的咏叹。这是一首经典的爱情诗,句子错落有致,有一种循环往复的感觉。还有标点符号的取消,也造成了河水不断流动的效果:

塞纳河在蜜腊波桥下扬波
　　我们的爱情
　　　应当追忆么
在痛苦的后面往往来了欢乐

接着就是不断重复的两个句子:

让黑夜降临让钟声吟诵
时光消逝了我没有移动

诗人用塞纳河水比喻逝去的爱情奔流而去,永不复返。我读的是老翻译家闻家驷先生的译文,真是非常迷人。那时候我二十来岁,也正处在恋爱时节。后来我有机会去巴黎时,曾经两次特意在夜晚去了蜜腊波桥上,在这座老桥上来回散步走了走,望着桥下的流水,默默念诵了一遍这首诗,越发觉得不仅是诗人写得好,翻译家翻译得也美妙无比。我的那组诗歌,在句子的排列上、情绪的抒发上，就是模仿了阿波里奈尔的这首名诗。所以唐晓渡先生觉得它有点"探索性"。

那个时候出版社的编辑也很用心和负责任。当时这本诗选的责任编辑是高蕴生先生，一直到他去世时，我也从来没有见过他。那个年月没有私人电话，所有的联系就是写信，他特意给我写信征求意见，问我选这组诗是否可以，还需不需要更换篇目？我告诉高先生说，就这组，不用更换了。

时间证明，这组诗还是比较有生命力的。前几年，湖南省把其中的一首选进了小学语文课本；去年台湾地区的语文教材编写者联系到我，也把这组诗里的《每个孩子都有一条自己的小路》选进了高年级的课本。

那个时候的写作，可以说没有任何市场因素的干扰和影响，好像也不必那么清晰地去考虑读者的所谓年龄层次。相对来说，那个时候的儿童文学，都比较偏重少年文学、中学生文学，小说是如此，儿童诗歌也是如此。大家都在写"少年抒情诗"，与现在的年龄普遍偏小的"童诗"并不一样。我当时写了很多组"少年诗"，总的标题就叫《中学生万岁》，仿照王蒙先生的《青春万岁》的意思。因为没有市场因素的干扰，大家都一门心思去想着如何把作品写得更加艺术性一些，都在艺术上下功夫。就我个人而言，那时候我几乎尝试了儿童诗的各种可能：短句子的，长句子的，楼梯式的，还有阿波里奈尔的图像式的。抒情诗、朗诵诗、童话诗、故事诗、哲理诗，还有泰戈尔的《飞鸟集》、冰心的《繁星》和《春水》那样的两三行的格言诗、散文诗，等等，都尝试过。

由此我想到一个问题，也是梅子涵先生几次特意打长途电话，一说就是个把小时，跟我谈论的一个问题：为什么现在再也没有人能专心研究一下诸如小说写作技巧、小说叙事艺术、儿童诗歌语言等这样一些创作细部的问题了？大家都忙碌得像"华威先生"一样，多数作家都是漫不经心地在写作，最为关注的是自己新书的发行量，再也没有三十年前二十一世纪出版社所提倡的那种"回归艺术正道"、探索和尝试各种艺术可能的氛围了。

今天这个论坛有一个主题是"评价目前儿童文学创作的艺术质量，研讨中国儿童文学面临的艺术新课题"。我不是儿童文学评论家和理论家，说不出什么建设性的批评意见来，但是作为一个创作实践者和一个专业的儿童文学读者，我在这里提出一个并不新鲜的话题：我们的儿童文学就品种、形式的多样性和丰富性这一点，可以肯定是赶不上三十年前，甚至也不如新中国成立后的"十七年"的。

我们看过去的儿童文学，各种品种形式丰盈多姿，小说、童话、抒情诗、童话诗、小叙事诗、各种题材的散文、报告文学、科普、科幻、人物传记、英雄故事、书信、童话剧甚至表演唱、儿童相声等等，真是应有尽有。题材和内容更是丰富得不得了，比方说，有很多边疆题材、少数民族题材。从东北森林、北方草原上的鄂温克族、蒙古族、大西北的藏族、维吾尔族、哈萨克族、塔吉克族，到最南方的海南岛的黎族，西南边疆的景颇族、佤族、彝族、壮族……我们的儿童文学都曾经反映过这些题材和这些民族的孩子们的生活。但是现在，有几个作家能写这方面的题材呢？还有，过去有各种各样的英雄故事、科学家故事，现在很少见到了。难道现在没有英雄了吗？我们的宇宙航天事业、国防事业这么威武，我们的新的宇航员故事、科学家故事怎么那么稀少呢？大家都在写大同小异的、极其狭窄和单调的同质化的内容题材；文学形式上似乎也只剩下了小说、童话、科幻这样单调的"老三样"。其他统统被边缘化甚至几乎失传了！曾经有过的那么繁荣的少年文学传记、少年报告文学，现在也没有人写了。真是非常可惜！

以我自己为例。我一直在尝试写少年人物传记，用优美的文学散文的笔法来写，删繁就简，努力去做到故事性、文学性、励志性（也就是教育性）三者兼顾。目前已经写了将近二十本，每本都在十万字左右，考虑到少年读者的阅读耐心，每本三十几个章节，每个章节三千字左右。我觉得这种人物传记故事如果写得富有文学性，可以比有的儿童小说更好看。外国的励志人物，我出版了贝多芬、肖邦、马可·波罗、盖达尔、新美南吉、普希金等人物的传记，中国的有孙中山、毛泽东、邓小平这样的伟人，也有朱光亚这样的科学家，今年上半年又写完了冰心的故事，正在写的是叶圣陶的故事和陈伯吹的故事。我觉得我们缺少这样适合少年儿童阅读的人物传记。我读高中的时候，是一个贫寒的乡村少年，跟同学借读过一本商务印书馆版的《居里夫人传》，那本书篇幅不长，故事也精彩，的确是起到了励志作用的，印象很深。后来又读到了叶君健先生写的一本《鞋匠的儿子》，是安徒生的传记故事，只有几万字；还有黄庆云先生写的一本《刑场上的婚礼》，写两位革命家周文雍、陈铁军的故事，刊登在大型儿童文学刊物《朝花》创刊号上，写得像小说一样精彩。现在曹文轩先生在主编新创刊的《十月少年文学》，我建议也不要只发小说和童话，最好每期也能刊发一篇优美的少年文学传记。

总之，就是向这个论坛贡献一个建议：我们的儿童文学品种，应该突破单调、贫乏的"老三样"，而变得丰富和丰盈一些。最美的森林一定是像德国的森林那样，各种乔木、灌木和小灌木应有尽有的"混交林"，而不是品种单一的"人造林"。儿童文学从来就是一个色彩缤纷的"小百花园"，而不是仅仅只有几种花卉的"人工苗圃"。谢谢大家。

二〇一六年十月二十八日，井冈山

汉剧往事

早期汉剧

汉剧作为湖北主要的地方剧种之一，已有三百多年的历史了，旧称楚调、楚腔或楚曲，后又称为汉调、汉戏，俗称"二黄"。清季，汉调借徽班进京献演的机会，磨砺、锤炼和发展了自己，并为京城观众所接受。至清代中叶，汉调在湖北境内因地域方言和表演路子的不同，逐渐形成了荆河、襄河、府河和汉河四大流派。其中"汉河"即是以武汉三镇为中心的一派。清末民初，汉口已有不少著名的汉调班社，如光绪初年由汉调名伶杨福庆、吴元仿组成的"大福兴班"等。

京剧是在清光绪年间传入湖北的。光绪二十一年（一八九五年），有福升班到沙市，先唱徽调、河北梆子，民国初年改唱京调，一九二九年散班。光绪二十四年（一八九八年），汉口最乐茶园有徽调、河北梆子和京剧演出。一九〇二年，夏月恒曾率七十多人的京剧大戏班子来汉演出。清末民初至二十年代期间，京剧演员来汉甚多，北京来的知名演员有孙菊仙、陈德霖、杨小楼、梅兰芳、程砚秋、盖叫天、俞振庭、龚云甫、余叔岩、王凤卿、马连良、芙蓉草等；上海来的演员有刘永春、王鸿寿、汪笑侬、吕月樵、麒麟童（周信芳）、七盏灯（毛韵珂）等。梅兰芳第一次来汉在一九一六年，一九四九年间又曾三次来汉。一九一九年在汉一个月，演出了《玉堂春》《贵妃醉酒》《嫦娥奔月》《天女散花》以及时装戏《牢狱鸳鸯》《一缕麻》《邓霞姑》等。一九二一年一月十九日，协和大舞台的夜戏有余叔岩的《黄金台》《空城计》；欧阳予倩的《馒庵头》；芙蓉草的《富春樱》《铁弓缘》等，可谓盛况空前。京剧来汉，从剧目、武功、化妆、服装、伴奏等方面都给汉、楚剧带来深远影响，京剧、汉剧频频同台演出，艺人之间得以互相切磋艺事，交流剧目。

一九一二年汉调正式定名为汉剧。汉剧正式命名后，一批汉剧名角如余洪元、董瑶阶、吴天保、李春森等，又在汉口组织了新的福兴班。该班不仅名角汇集，行当也很齐全，曾浩浩荡荡赴上海，在"丹桂第一舞台"演出过。

余洪元（一八七五——一九三七）本名余金宝，生于沙市，少年时喜欢游乐，常与一班票友玩票消遣。后投在走乡戏班班主刘庆堂名下充当末角，渐识戏文。后束装来汉，拜在汉剧名丑袁老新门下学戏,终成正果。至民国后,已有"谭鑫培第二"之誉。二十世纪三十年代,余洪元在上海丹桂第一舞台挂牌演出《四进士》,轰动了上海滩。京剧名伶、麒派创始人周信芳曾专程登门请教。后来周信芳的代表剧目《四进士》即是从汉剧移植。一九三七年,余洪元病故,终年六十四岁。余洪元生前即被汉剧界奉为"一末"正宗。

董瑶阶(一八九四——一九五二),艺名"牡丹花",也是汉剧界的一位表演艺术家。他七岁开始拜师学艺,勤苦好学,聪慧过人。宣统元年,他从沔阳来汉口,加入了福兴班。在准提庵(今关帝巷)作首场演出时,慕名前来看戏的观众极其踊跃,以至于不少观众被挤入戏台前的河水里。董瑶阶舞台扮相俊秀,嗓音清脆,重点花旦戏几乎无一不能,有"花衫状元"之誉。他既能演《贵妃醉酒》《二堂审子》等唱工戏,亦能演《打花鼓》之类的武旦戏。中年后对泼辣旦尤其专注,演起《水浒传》里的潘巧云、潘金莲、阎惜娇一类角色,被戏迷赞誉为"比女人还像女人"。抗战胜利后,他因不满国民党反动派的统治而隐居庐山。一九四九年,他从庐山回到武汉,一九五二年病逝。

从二十世纪二十年代开始,汉剧始有女艺人登台演出。叶慧珊(七龄童)是汉剧第一位女艺人。一九二八年,黄双喜、潘云山等创办汉剧训育女学社(即新化科班)后,又培养了陈伯华等新一代汉剧艺人。

牡丹绽放

陈伯华,一九一八年出生在汉口坤厚里一个商人之家。她的母亲是一个汉剧戏迷，陈伯华还在襁褓里就被母亲抱着出入戏院。八岁时，陈伯华进入中国第一家汉剧女科班"汉剧训育女学社"学戏，四年后首次登台，在《打侄上坟》中反串小生获得成功，初露头角。后拜董瑶阶为师，舍旧艺名"新化钗"，取新艺名"小牡丹花"，主演《霸王别姬》《风尘三侠》等，很快唱红了武汉三镇。当时，年仅十五岁的陈伯华与另外两位汉剧女演员张美英、"万盏灯"并称为汉剧花旦"三鼎甲"。当时，十五六岁的小牡丹花与来汉的梅兰芳同在汉口上演《霸王别姬》，形成"打擂"之势，一时传为汉口剧坛佳话。

成名后的陈伯华为市井流言所伤，小报造谣说汉口风流倜傥的市长吴国桢与这位汉剧红伶有染。一九三六年后，陈伯华愤而告别舞台，与新婚的军人丈夫深居简出，直至一九四九年武汉解放前夕始复出舞台。

陈伯华复出后，致力于汉剧改革，使唱腔趋向华美、丰满、高亢、流畅。不久，她在首都剧场演出《宇宙锋》，轰动京华，荣获了全国首届戏曲观摩大会表演一等奖，并拍摄成戏曲电影，风靡全国，获得了梅兰芳、程砚秋等戏剧大师的高度评价。京昆艺术大师俞振飞评价说："京剧二百年，出了个梅兰芳；汉剧三百年，出了个陈伯华！陈伯华是中国汉剧艺术的骄傲。"

随后，陈伯华又连排了《秦香莲》《柜中缘》等推陈出新的传统戏。接着，她又带着新排的《二度梅》《宇宙锋》连同《秦香莲》《柜中缘》等剧目赴上海、北京等地巡回演出，使汉剧赢得了南北观众的追捧。所到之处，狂热的观众挤在台口，久久不肯离去。她的表演受到了梅兰芳、周信芳等京剧艺术大师的高度称赞。

一九六二年,由周总理亲自命名的武汉汉剧院成立,当时担任国家副主席的董必武欣然为建院题词,陈伯华出任院长,汉剧又迎来了自己最为辉煌和鼎盛的时期。陈伯华此后又排演了《贵妃醉酒》《墙头马上》《穆桂英智破天门阵》《三请樊梨花》《状元媒》以及现代戏《江姐》《赵玉霜》《秋瑾》《太阳出山》等剧目。她的汉剧艺术表演风格渐渐形成体系,被称为"陈派艺术",唱腔委婉华丽、细腻圆润,表演上以眼神、指法和身段来表达人物的思想感情,细腻传神。尤其是她对汉剧艺术进行的大胆革新,不仅把汉剧艺术推向了一个新的高度,也使得"陈派"艺术表演风格迅速影响到全国戏曲界,为中国现代戏曲表演做出了重大贡献。可以说,汉剧的辉煌是从陈伯华开始的,她被誉为汉剧的"一面大旗",是汉剧的灵魂人物。

手眼神韵

"汉剧三百年,出了一个陈伯华!"戏曲大师俞振飞先生的赞美,如今在戏曲界已是家喻户晓。其实,汉剧历史上也出现过董瑶阶、吴天保、周天栋等名伶,为何独有陈伯华成为了汉剧艺术的"一代宗师"?

究其原因,这与陈伯华对汉剧艺术做出的卓越贡献是分不开的。作为戏曲演员,陈伯华天赋过人,悟性很高,不仅扮相俊美,嗓音纯亮,而且更重要的是,她能在表演艺术上博取众家之长,不断探索创新。据一些老的汉剧艺人介绍,汉剧最初的二黄曲调比较简单，字密腔少，听起来比较单调。正是经过了陈伯华的反复尝试和努力，使二黄的唱腔逐渐丰富，由"字密腔少"渐渐过渡到了"字腔适中"，最后发展成为"字稀腔密"。

国家一级作曲、京胡演奏家李金钊先生，在二十世纪五十年代至六十年代末为陈伯华操琴，后来又为陈伯华创作了《二度梅》《江姐》《卓文君》《墙头马上》等多部剧作的唱腔。现在，李金钊先生已近八十高龄了。他认为，陈伯华是汉剧舞台上最富有创造力的一位艺术家。"从汉剧《宇宙锋》开始，陈伯华放慢了二黄唱腔的节奏，在保持原有唱腔骨干音的基础上，在字与字中间增添了很多小腔，字与字之间的旋律变化丰富，跌宕多姿，不仅增强了汉剧唱腔的韵味，而且大大地丰富了表现力，更好地表达剧中人的内心活动和思想感情，而且每个字的唱法都还是汉剧的原味没有变。当时不仅汉剧的演员没人这样唱，全国的旦角演员都没有这样唱过。"李金钊先生回忆说：当时这种唱法刚出来，被戏迷们称为"超级慢板"，还曾引起过争议："这样唱还是汉剧吗？"

李金钊当年还曾撰文分析过陈伯华的唱法，认为陈伯华的演唱显然使汉剧唱腔变得更加丰富优美了，但汉剧的韵味没有变。比如《断桥》中的一段唱，使用了正反调，还有《秦香莲》中创造性的琵琶词，都具有独创性。她还十分注意唱腔的优美和流畅，解决了去声字在汉剧行腔中不够好听的问题。"只要是不美、不好听的地方，她都会用心去改。"

再如手眼合一的表演神韵，也是陈伯华在唱腔之外刻画人物时的"独门功夫"。她的表演不仅突破了青衣、花旦的行当局限,还练就了"飞燕手""半对眼""兰花手""菊花手""鸳鸯手""一皮叶"等诸多"绝技"。李金钊先生回忆说,"飞燕手"是陈伯华在演出《二度梅》"重台别"一折戏中的动作,她扮演的陈杏元送别未婚夫,心中无限惆怅,有一句唱词是"朔风起,黄叶落,孤雁飞南","飞燕手"由此而来,这个手势从左至右徐徐展动,仿佛失群的孤雁缓缓远飞。"这个手势配合的眼神也是很有讲究的,陈伯华叫它'透视眼',眼神随着手势看向远方。这个眼神的感觉要让观众感受到,你看到的是寂寥空旷的天空,而不是楼顶的天花板。"

在《宇宙锋》"装疯"一折中,陈伯华又为主人公赵艳蓉设计了一个"半对眼"的细节。不少演员会用对眼来表示"疯"的状态,陈伯华扮演的赵艳蓉,对着赵高的一面是对眼,但另一只眼睛在看自己的乳娘,在寻求乳娘的帮助,因此,她的状态一面是"疯",一面是正常的人,所以,只有"半对眼"才更能准确地表现出"装疯"的感觉。在漫长的舞台表演生涯中,陈伯华创造和积累了许多诸如此类细节上的手眼"秘技"。她在六十三岁时还登台出演过《柜中缘》中二八少女刘玉莲,依旧能让观众信服,靠的都是这累积的功力。

善于学习,博采众长,灵活地吸收各个剧种和艺术家的优长为自己所用,也是陈伯华从艺生涯中的宝贵经验之一。已经七十多岁的汉剧老艺人贾振南先生,从少年时代就跟随着陈伯华学戏演戏。有这样一件事,让贾振南感触颇深:《柜中缘》这出戏原本是河北梆子名家李彩云的看家戏,陈伯华几乎是完美地把它移植成了汉剧。剧情中，二八年岁的刘玉莲有一段坐在门口绣花的唱段，这是陈伯华根据"牧羊调"改编的，这段唱腔唱起来灵动活泼，婉转中又不失明快，十分符合少女刘玉莲的性格。

贾振南先生还介绍说，在《宇宙锋》的"反二黄"中，陈伯华借鉴了汉剧高亢激扬的花脸腔来表现赵艳蓉的惊恐，表演上甚至还借用了花脸、小生甚至鬼魂的身段；她在《二度梅》的"骂相"一段唱中，吸收了脆而亮的小生腔来表现对奸贼的痛恨；《三请樊梨花》的唱段里，又借鉴了民族歌曲的演唱方法……在陈伯华的唱腔和表演里，这种博采众家之长的例子还有很多。"陈老一直在说，汉剧要发展，必须吸收别的剧种的长处，只是万变不离其宗，无论怎么改，都要有汉剧的韵味。学戏不是硬搬，不仅要学人家的'形'，更要学人家的'魂'，所以她的表演里有很多前辈的精华，但又是真真切切的属于她自己的'陈派艺术'。"贾振南先生回忆说。

化作春泥

在陈伯华晚年，湖北省人民政府授予了她"汉剧艺术大师"称号。在她八十华诞和舞台生涯七十年之际，她又被授予"德艺双馨"的人民艺术家的荣誉。

陈伯华一生曾数次被迫离开过舞台，却从来没有放弃对表演艺术的基本功的训练，内心里有着对汉剧艺术的无比的执着和迷恋。

她把自己毕生的舞台表演经验毫无保留地传授给了新一代

汉剧艺人,"化作春泥更护花"。她的一代代弟子中,像胡和颜、邱玲、邓敏等人,先后荣获了中国戏剧"梅花奖";最后的一位弟子王荔,先后荣获第十三届中宣部精神文明建设"五个一工程奖"、第十届中国艺术节"优秀表演奖"、第十三届中国戏剧节"优秀表演奖"和中国戏剧"白玉兰奖""梅花奖"等。

汉剧名演员胡和颜是陈派汉剧的第二代传人。和颜十一岁起跟着陈伯华学戏,有幸看到了大师艺术生涯的巅峰时期。胡和颜回忆说:"至今难忘陈老师带着汉剧院的演员们到全国巡演的场面,观众们里三层外三层地围着欢迎我们,争相一睹陈老师的风采。"和颜说,陈老师每次演出前,都会先洗漱干净后,再化妆、穿戏服。她对学生们说:"戏服非常贵,制作精美,一定要爱惜。"每次演出前两三个小时,陈老师就会开始化妆,化妆用的颜料,她也是反复调和,因此画出来的妆容总是那么美!这些细节上的用心,一直默默地影响着胡和颜。胡和颜后来也凭借汉剧《二度梅》获得中国戏剧"梅花奖"。

二十世纪九十年代里,已经高龄的陈伯华长期住在医院的病房里。但她依然坚持在病房教更年轻的一代弟子学戏,先后培养了王荔、余少群、毕巍然等年轻的汉剧演员,为汉剧的传承发展竭尽了心力。有一位记者去病房探访她时,亲眼看见了这样的一幕:陈老坐在轮椅上,跷起右手的食指和小拇指,慢慢将手抬到脸颊边,教孩子们做出荀派花旦妩媚的手势,说:"这是'兰花手',《宇宙锋》里的赵艳蓉就是用的这个手势!这个兰花手要柔、要美,但是柔美中要有力量,没有力量,可就不是赵艳蓉了。"

　　有一次，梅葆玖先生去探望大师，正好武汉的著名京剧演员刘子微也在场。会面结束后，老人示意刘子微走近她。她仔细打量了一番刘子微的妆容，连声夸奖刘子微的妆化得好看，尤其是眼妆。刘子微告诉她，这是因为用了睫毛膏。远离舞台多年的老人虽然不太明白睫毛膏是什么"神器"，但她还是很认真地听着刘子微的解释，然后叮嘱说："以后就要这样化呀！"

　　著名张派京剧青衣王蓉蓉，曾在二〇〇五年来汉拜陈伯华为师，经过大师指点后，回京学演了京剧版的《宇宙锋》，身在武汉的陈伯华，通过电视视频完成了"验收"。

　　最新一届"梅花奖"获得者、著名汉剧青衣演员王荔，从小跟着妈妈去汉剧院玩，小时候就经常看见过陈伯华。那时陈伯华就夸小王荔长得好看，是唱青衣的料。王荔后来考艺校时又见到了陈伯华，才算与大师正式"结缘"。王荔十九岁开始学演《宇宙锋》，竟然大着胆子去拜见陈伯华。陈伯华一见到这个小丫头，就喜欢得不得了，还特意送了几盘她唱的磁带让小王荔回去听，还说："你以后不用叫我陈院长，你跟我孙女差不多大，就叫我姥姥。""我当时真觉得很幸运，试着去敲梦想的门，没想到陈院长就给我打开了这扇门。"王荔后来回忆说，"我一直觉得自己是幸运的！唱腔，念白，对眼的诀窍，包括衣服怎么穿，都是姥姥手把手教的。她真的特别喜欢我，姥姥也说我幸运，我是她离开舞台之后跟着她的。艺术行当有一句话：'宁赠一吊钱，不赠一句言'，诀窍是不轻易教人的，但姥姥不仅都教给我了，还把她所有在《宇宙锋》想改的地方，都在我身上尝试了。姥姥夸过我'装疯'笑得很好，听到大师表扬，我觉得自己身上的担子更重了，因为我不能辜负大师的期望啊！"和陈伯华大师多年的相处，使王荔觉得，姥姥一直是那么美，那是中国传统的女性美，真的是笑不露齿。她躺在病床上，还操心汉剧院的事情，这么多年，真不简单。大师还跟王荔讲过，是汉剧生了她、养了她，所以她也要为汉剧献出一己所能。

青年电影演员余少群，曾在武汉汉剧院学演小生，也曾拜在陈伯华大师门下学戏，后来离开了汉剧院，在电影《梅兰芳》中出演少年梅兰芳的形象而在影视界出名。余少群离开了汉剧院几年了，汉剧院的许多人还是不敢在大师面前提起余少群的名字，怕大师难过。有一次，一位记者壮着胆子问陈伯华怎么看待这件事。老人沉寂了良久，连说了三个"遗憾"："多么好的小生苗子啊，太可惜了！"余少群与陈伯华大师的年纪，整整隔了六十四岁。余少群进入汉剧行当时，陈伯华已近八十高龄，因为身体原因早已远离舞台，少有的登台多半是为学生们做示范。余少群回忆说："太师父当时已经需要坐轮椅了，可还是亲自盯着我们小一辈的学戏。我们唱，她听着、看着，有一点点不足，她都能揪出来，甚至亲身示范一遍给我们学。"就这样，余少群跟着陈伯华，学习了整整六年，最终因为出演了《玉簪记》被陈伯华收为关门弟子。大师对于这个关门弟子是寄予了厚望的，而对于弟子的转行，她也是念念不忘。"不论是在我学习从事汉剧艺术的十年里，还是转战影视的这些年,师父都像当初收我为徒弟时一样关心我,不论何时见到她,老人家有一句教导总是挂在嘴边:'乖乖!不管在哪里,都要好好演戏,琢磨好戏里的角色。'"余少群对太师父的这句话也是念念难忘。

梅陈艺缘

陈伯华十五岁时就认识了当时的京剧名伶梅兰芳先生。陈伯华曾说,"这份梨园友谊,比金坚、比海深。"在后来的舞台生涯中,她从梅派艺术中吸收了许多精华,为自己的"陈派"打下了坚实的基础。而她对汉剧的革新,也得到了梅兰芳先生诚恳的称赞和支持。

一九三五年,梅兰芳偕谭富英、金少山等京剧"四大名旦"来汉演出,梅、陈二人初次相识。当时梅兰芳在汉口大舞台演出京剧《霸王别姬》,陈伯华也在汉口演出汉剧《霸王别姬》,无形中成了"打擂台"的架势。结果,两家剧场的观众均是爆满。有一天,梅兰芳来观看陈伯华的演出,陈伯华有些紧张,梅兰芳鼓励她道:"陈小姐,你别着急啊!"

按当时汉剧行当的陈旧习俗,一位名演员,公然坐在台下,去欣赏另一位演员的演出,那是"有失身份"的。但是陈伯华当时竟也大胆托人买了票,趁梅兰芳的正戏开演前挤进人丛中,观看梅兰芳的表演,同时也明白了山外有山、艺无止境的道理。

抗战爆发后,陈伯华和丈夫寓居在上海时,经常去剧场里观赏京剧演出。尤其是梅兰芳先生的演出,她更是场场必到。

上海沦陷后，梅兰芳蓄须明志、拒绝为日寇演出的举动，对陈伯华触动很大，使陈伯华明白了，艺人的骨气和情操，比表演更为重要。这个时期，梅、陈的交往更加频繁了。在梅兰芳的指点下，陈伯华开始真正接触和理解到梅派艺术的真谛，不断地借鉴和吸收了梅兰芳表演艺术中的长处。

新中国成立后，陈伯华重返汉剧舞台。一九五二年，她带着汉剧《宇宙锋》参加了全国首届戏曲观摩会演。她发挥了自己"金嗓子"的优势，借鉴了京剧各派唱腔的长处，把陈旧的汉腔改成了字正腔圆、韵味十足的汉调，轰动了京华。有一天，她刚谢完幕回到后台，就见梅兰芳含笑走来说："演得真好！你这是陈派啊！"

一九五三年，陈伯华到长春电影制片厂拍摄《宇宙锋》舞台艺术片，途经北京时，梅兰芳特地邀她到家中做客，对《宇宙锋》的拍摄提出了很好的建议。一九五七年，陈伯华率团到北京等地巡回演出，梅兰芳带着梅葆玖，手捧鲜花，亲自迎接陈伯华。梅兰芳还特意在当时的《人民日报》上撰文推荐汉剧《二度梅》，赞扬陈伯华突破了传统汉剧的时代局限，具有划时代的意义。

梅兰芳大师去世后，陈伯华和梅葆玖继续保持着深厚的情谊。二〇〇四年，梅葆玖带着剧目《梅兰芳》来汉演出，坐着轮椅的陈伯华不顾医生的劝阻，冒雪来到剧场看完演出。梅葆玖也专程前往医院探望这位汉剧掌门人。有一年，梅葆玖来武汉探望陈伯华时，对前去采访的记者说道："汉剧是京剧的母体之一，比京剧历史更悠久，汉剧大师陈伯华老师曾多次到北京向我父亲讨教,她的《宇宙锋》,那是绝对的经典。"梅葆玖先生也一直梦想着,能有机会排演一出京、汉合演的《宇宙锋》。

二〇〇六年,汉剧被国务院列为首批"非物质文化遗产"。同年,陈伯华获中国文联授予的"造型表演艺术创作研究成就奖"。二〇〇九年,陈伯华大师获首届中国戏剧奖"终身成就奖"。二〇一五年一月三十日,一代汉剧表演艺术大师陈伯华,在武汉同济医院因呼吸衰竭仙逝,享年九十五岁。

二〇一五年深秋,武昌

幕阜山风情录

小引

　　幕阜山区横亘在湘鄂赣三省交界处。三十多年前（一九八二年）我大学毕业后，在鄂南"阳新县人民文化馆"工作过几年。这是一个地处鄂赣边区的小县城，在地理上正属于幕阜山区。我当时的工作之一，就是深入幕阜山中的穷乡僻壤，去搜集民间故事、歌谣和小戏唱本，就像当年的格林兄弟深入德国偏远的乡村，去搜集民间童话故事一样，同时也给一些乡镇文化站和乡村小剧团修改戏本，做一些创作和演出的辅导工作。这种身份当时叫"文化辅导干部"。

　　那时候，有一些偏远的小山村还没有通上电，需要走夜路时，房东老乡就会举着松明子火把或点上"罩子灯"，给我引路和照明。我在幕阜山区的崇山峻岭间走村串户、搜集民间戏本和故事的那些年,是我迄今为止最接地气的一段生活。饥了饿了,走进任何一户人家,都能吃到热腾腾的、散发着柴禾气息的锅巴饭和老腊肉。渴了乏了,就猛喝一顿山泉水。翻山越岭走累了,呼啸的山风为我擦拭汗水。当年幕阜山区还没有实行禁猎,我曾有幸被允许跟着老猎户去打过两次猎。老猎户的猎枪就是长长的火铳。有一次老猎户打到了一只野物,他告诉我这叫"豹猫",山里人又称为"飞虎"。现在,这些珍稀的野生动物当然都是当地的保护对象了。

  鄂南地处吴头楚尾,方言里犹带吴音。这里的方言里还保存着许多古雅的字音,例如,把玩耍称为"戏",把穿衣称为"着衣",给客人添加酒水,称为"酾酒",甚至称你为"乃",称我为"阿"或"吾",称他为"其",把树叶叫作"木叶"。后来读辛稼轩那首《清平乐·村居》,感到格外亲切。"茅檐低小,溪上青青草。醉里吴音相媚好,白发谁家翁媪?大儿锄豆溪东,中儿正织鸡笼。最喜小儿无赖,溪头卧剥莲蓬。"还有那首《西江月·夜行黄沙道中》里的句子:"稻花香里说丰年,听取蛙声一片。"辛稼轩这两首词,都写于他贬居江西信州(今上饶市)之时。上饶离鄂南不远,词中所写的情景,也正是我对幕阜山夏日乡间生活的美好记忆。

  可惜的是,没过几年,我就离开了云遮雾罩的幕阜山区。现在想来,如果当初我能一直留在那里,扎根于斯,去熟悉它的一草一木,守护它的一牲一畜,说不定我就成了一位幕阜山区的民间文化专家,至少,我能对幕阜山区的地理、物候、野生动植物和村野文化了解得更多和更深入一些。三十多年后的一个春天，我重返这里，就像重新回到自己久违的故乡一样。我想起郑愁予的诗句："我打江南走过，那等在季节里的容颜如莲花的开落……"我想好好看看自己年轻时工作过和热爱过的地方，我想重温那久违的满山满岭的鹧鸪声、布谷声和采茶歌。于是，翻找出当年留下的一些已经发黄的笔记，还找到了当时在阳新县人民文化馆创办的文艺小报《富河》、龙港镇文化站的油印小刊《金竹》、赣北修水县的《山谷诗苑》等文化辅导刊物上刊登的一些采风散记，重新整理出这组文字，题曰《幕阜山风情录》。

采茶戏

　　幕阜山区属于"吴头楚尾"，到处是高大的楠竹林和青翠的茶山、茶园。流行在这里的地方戏，多为"采茶戏"。阳新采茶戏与赣南采茶戏同宗同源，都是山乡儿女在采茶、栽秧的劳动中，唱山歌和田歌自娱自乐，彼此唱和，渐渐演化而来。尤其是在阳春三四月间，正是鹧鸪满山飞、山茶吐新芽的时候。清明和谷雨前后的嫩茶，你越采掐，它们越是长得丰盈。茶乡儿女们三五成群，上山采茶。茶林深处，你唱我应，山歌互答。这是一种清新、朴素的劳动之歌和乡土之歌，唱本和曲调里，都散发着山茶花和泥土的芬芳，表达着山乡儿女们诙谐乐观的生活态度和人情怡怡的美好心地。阳新采茶戏，就是由这种简单的采茶山歌演变而来。

　　最早的采茶戏只有生、旦、丑三个角色，也称"三小戏"，以唱为主，辅以简单的插科打诨式的道白，小戏的基调是抒情、清新和戏谑的。后来有了职业艺人的加入，专门的采茶戏班子开始形成，而且渐渐有了完整的戏本、唱腔和表演程式，采茶戏也从茶乡村野走进了县城舞台，并且有了正式的"阳新县采茶剧团"。我在这里结识了许多采茶戏名角，他们有的几乎从来也没有走出过幕阜山区，却为乡亲们演了一辈子采茶戏。这里的山民都喜欢听采茶戏，也叫得出那些采茶戏老演员的名字：演老旦的向冬桂，演老生的崔小牛，演青衣的柯春莲，演小生的程国华，本是女儿身，却总是反串小生的白瑛，演丑角的万新福，还有当时只是跟着小剧团学学戏、当当幕后合唱演员，后来成为了新一代采茶戏青衣主演的"小费丽君"。还有一位更老的女艺人，名字叫程美玲，原本是唱汉剧和京剧的。我认识她时，她已经七十多岁了。可是，当她捏着折扇，绕着兰花指，眉目传情的瞬间，使人觉得还像一个小姑娘一样妩媚，浑身透着一股戏曲的韵味。现在已经是中国人民大学著名教授的现代文学专家、诗人程光炜先生，那时候还在黄石市工作，多次去过阳新。有一次我还带着他听过这位老太太唱戏。还有大戏曲家龚啸岚先生，我也有幸陪他在阳新听过两场采茶戏。他是戏曲专家，是真正的内行，能听出其中的门道，曾给我详细地介绍过，采茶戏的哪些唱腔，是吸收了汉剧和楚剧的韵调的。

　　还有一位演花旦的采茶戏演员叫郑晓玲，喜欢汪国真的诗，还写过一些小小说，算是我在阳新的文友之一。有一次，还在部队上任职的报告文学作家李延国先生来阳新采风，每天就睡在我家唯一的一张长沙发上。郑晓玲给老李唱采茶戏小调，老李听得如痴如醉。当时，远在黑龙江出版界工作的老诗人雷雯先生，来江南出差时，特意绕道到阳新来看我，我请晓玲也给雷老师唱过她最拿手的几段采茶戏。可惜的是，郑晓玲后来没有再演采茶戏，回家相夫教子去了。雷老师说，他年轻时来过幕阜山区，一直记得采茶戏里的丑角走"矮子步"的情景。雷老师说的没有错，"矮子步"正是采茶戏丑角演员的一门"绝活儿"。在我所接触的那一茬演员当中，"矮子步"功夫学得最到家的是采茶戏名丑万新福。

在多次走访龙港、枫林、坡山、太子庙、三溪、陶港、大王殿、浮屠镇、东春田畈等乡镇的老艺人和文化站长之后，我粗略理出了阳新采茶戏的演变脉络。原来，早在清康熙年间（一六六二——一七二二），阳新就出现了比较成熟的"采茶歌"和以民歌小调为唱腔的"花灯戏"。这是采茶戏最初的雏形。随着黄梅戏、汉剧、楚剧在鄂东南一带传入，"花灯戏"在道白、表演、板式等方面，不断吸收了人家的一些长处。至清咸丰年间（一八五一——一八六一），采茶戏已形成独具风格、行当齐全的地方剧本种，有本可依的剧目，有一百多个，当时的名艺人有李盛满、徐世怀、陈新岩等人。同治以后，一直到清末民初，阳新县已是湘鄂赣边区有名的"戏窝子"了。同治时期以富河为界，分南河、北河两路采茶戏。与采茶戏同时在此地竞艺的，还有著名的"兴国河路子"擅演汉剧。民国时期，采茶戏有半班、三凑班近百个，艺人达两千余人；汉剧则有科班、串堂班十几个，艺人两三百人。这些采茶戏班常在农闲节庆之时走乡串村，除了鄂南乡镇，还远及江西武宁、瑞昌、修水等地。采茶戏戏台多搭在宗祠、家庙或露天谷场上。每逢关爷会、浴佛节、城隍庙日、王爷会、唱祖会、迎神赛会等民间传统节日，许多乡村和大户祠堂都要请来戏班，一唱就是数日。

枫林坡山一位擅演丑角的七十四岁老艺人杨师傅（艺名"杨猴子"），给我背出了许多他记得的戏本，我记录下来的有《三娘教子》《杨七郎》《买花记》《葵花井》四出。杨猴子还说，听老辈人讲，在排市远滩出生的李盛满是男扮女装、演旦角的，他在唱《买花记》时，能根据唱词，边唱边剪出十几种花样，而且扮相十分俊美。当时喜欢听采茶戏的人有句传言："会茂盖三县，抵不上陈希燕。"这里的三县是指永修、德安、武宁，陈希燕是武宁县采茶戏的挂牌艺人，但是他的手把手的师父，却是阳新排市的李盛满。还有木港镇人徐世怀，是演小生的；陈新岩是演花脸的；陈世饧也是演小生的。幕阜山乡里还有个民谣："阳新龙燕，四十八堰，抱起枕头一撂肩，茶戏爱看一夜天。"说的正是老百姓对采茶戏的喜欢。

落田响

农历四月里的最后一天，春光明媚中，我独自在一场春雨过后的山岭间漫游。我觉得，我是和许多人在一起。在城市里的那种孤独感消失了，我像重新回到了自己的故乡一样。鸟声就像新叶一样灿烂清亮，河流在古老的山谷间回响。布谷鸟和云雀欢叫着飞过蔚蓝的天空，静静的小池塘倒映着天空、飞鸟和白云，还有许多秀丽的枫树、樟树和乌桕树的影子。腐叶铺成的山路上和田埂上，是小野猪们走后留下的一串串蹄窝，每一个小小的蹄窝里，都有一团美丽和清亮的积水。抱窝的竹鸡和斑鸠，正在远处的灌木林里咕咕地发出缠绵的声音，野鸽子也在远处呼唤着同伴，它们的叫声里充满了温情。到处弥漫着树叶和花朵的清香，还有刚刚踩过的新鲜的泥土和青禾的气息。

眼下正是幕阜山区的农人们插早秧的季节。"欢迎你，远方的客人！"这是正在插田的人们热诚地向我招呼。他们在欢笑着、忙碌着。特别是那些小伙子，有女孩子们在他们的身边，他们的秧苗插得又快、又直，声音笑得也更响亮。

插田的时候，他们唱着一支有着完整的套路的田歌。那是一种带有楚歌风味的"插田号子"。我请教了一位年老的"老嘎"（老伯），他告诉我，这种插田歌的名字叫"落田响"。落田响是由十七支号子组成一部完整的田歌。农民们按照号子的顺序唱。早晨下田，他们唱《走下田》《海棠花》《怀秧》《放牛》；上午下田，他们唱《赶王鹰》《打花歌》《挖百合》《割猫》和《采茶》；下午下田，他们又唱《谢茶》《消条》《喊福》《收牛》《游船》。

一位演唱技巧比较高超、在村子里也很有声望的插田能手，作为率领大伙合唱的人。大家都尊称他为"歌师"。当歌师唱道："太阳出山（罗火火），（罗）支（罗）花（哦火火火火火火火火火）……"大家便齐声接唱："海棠花（罗火火火火花耶）！"

我仔细倾听和分辨着他们所唱的歌词，勉强能够听出大致的意思。他们用着幕阜山区古老的方言土语，自由而快乐地唱下去。他们那极为麻利的插秧的动作，正好合着"罗火火火火"的节奏。当他们直起腰来再唱时，就权当一次短暂的喘息机会。

细伢子（小伙子）们把长长的一支"号子"唱完了，一片水田也就插完了。这时候，从村头挑秧过来的细妹子（女孩子）们也会亮开歌嗓，接着"号子"唱出她们的"贺彩词"，为这些能干的小伙子喝彩鼓劲："福矣（嗨）！秧苗冲禾（哇嗨）！秧苗开张（哇嗨）！……"贺彩词里充满了吉庆和感恩的意思。

等到插完了另一片水田，细伢子们唱完了另一支号子，她们还会有另外的喝彩。细伢子受到了她们的恭维和鼓舞，又不知道从哪里来了那么多的力气。这些插田的年轻人啊，只要村里的细妹子高兴和平安，他们就是再苦再累，也会觉得幸福的。

我远远地听着他们的歌笑，心里怀着美好和真诚的祝福。我知道，这是属于他们自己的文化，是他们视为最平常又最宝贵的东西。他们的秧田和他们的力量原本是分散开的，可是为了享受这份祖先们留下来的热闹与欢愉，他们情愿地又自行组合起来，进行着一两天大场面的劳作。他们从中感到陶醉，感到生活带给他们的欢乐和幸福。这是一旦离开了自己的土地和家乡，就永远也得不到的欢乐。他们可以在这种劳作和歌唱中忘掉一切的不愉快，甚至偶尔的邻里之间的争吵和恩怨，甚至命运里的那些不幸。

我想起俄罗斯作家屠格涅夫的话来：小乡村的富足、宁静、丰饶啊！啊，和平和幸福啊……对于他们来说，那些忙忙碌碌的城里人所孜孜追求的一切，又算得什么呢？从四月江南走过，我也在他们欢乐的劳作和质朴的欢唱中经受着洗礼。我甚至还想到，假如我少年时代不曾离开过乡村，而是一直在田野里生活和劳动，也许，我也会成为他们当中的一个，我兴许也能学会唱"落田响"呢！

民间音乐家

要研究荆楚民间音乐，就不能不涉及鄂东南一带、特别是地处吴头楚尾的阳新县民间音乐。而说起阳新县的民间音乐，又绕不开一位为之付出了近三十年心血的挖掘、搜集、整理和研究者。他就是鄂南民间文化学者、民间音乐家费杰成先生。他也是我在幕阜山区工作时期的一位民间文化的引路人。

童年时，他跟着村里老艺人耍过欢快的《抛彩球》，牵着盲艺人的长竹竿沿村唱过凄凉的《过街》和《长工谣》，也无数次听过缠绵悲切的《哭嫁歌》和亢奋有力的插田号子和东路渔鼓。要不是一个偶然的机会，即一九六五年春天他被县采茶剧团发现并招收为学员，他可能会成为一个地地道道的民间艺人，是民间音乐改变了他最初的人生道路，最终造就了他，成全了他。

一九八三年六月，费老师整理编撰的一部两百多页的《祀稷锣鼓研究》出版问世。音乐理论家枫波先生在为该书所作序言中评价道:"祀稷锣鼓规模气势之宏大磅礴,乐器之众多,曲牌之丰富,套数之完整,目前在我省民间吹打乐中实属罕见。它是我省古代民间器乐曲的瑰宝,它凝聚着楚地音乐文化的古老传统,凝聚着楚地音乐的特有风格,不仅为研究民间吹打提供了活的例证,也为民俗学、社会学等学科提供了极为宝贵的史料。"武汉音乐学院史新民说:"祀稷锣鼓是一个重大发现,其价值不亚于编钟乐舞。"

那是在一九七二年冬天,随着当时"运动"的升级,年轻的费杰成被派到冯加湾水库工地去筑堤。但他没有想到,他这次竟会因祸得"福"。筑堤民工中,藏龙卧虎。有十几位当地有名的民间艺人也在其中。一种欣喜而天真的念头,竟使他忘记了自己是个"白专"典型而被"专政"的对象,如遇知音般地与老艺人们结识了。老艺人明道宗,年迈体弱,家境艰难。无钱买烟抽,就只好抽芝麻叶子。费杰成看在眼里,有一天竟大着胆子悄悄逃到附近的石料山上卖工一天,挣了九角工钱,正好够为老明头买一条"红花牌"香烟。老艺人拿着一条子烟卷,感激得不知怎么才好。费杰成低声地说:"后生别无他求,只希望您老人家给我唱几段民间曲子。"老人不知道那些旧曲还有人这么看重。

有一天,费杰成无意中看见,老明头抽烟时用的媒纸上有些工尺谱符号。他敏感地一把夺了过来。原来,这就是流传在鄂东南的一部大型民间风俗乐曲的工尺谱手稿。他只隐约听说过,可从没见到。老人告诉他:"我从艺做吹鼓手大半辈子,学会了这套祀稷锣鼓。有一个抄本,想到反正如今不时兴了,大多让我抽烟做了媒纸。"当时剩下的只有十五段残谱了。费杰成又是惊喜又是疼惜。他告诉老人，这可是咱家乡的祖传宝贝啊！老艺人反倒安慰他说，以后有工夫再为他续补出来。然而不久，老艺人竟一病不起，匆匆地离开了人世。费杰成带罪收藏起了这份珍贵的残谱。

　　一九七四年，阳新县文化局突然通知他回县文化馆工作。尽管其时还有种种"莫须有"之罪名如同泰山压顶，但费杰成心中最大的重负仍是那份残缺的乐谱。他已明白，如果不把这份乐谱挖掘补全整理出来，既对不住死去的老艺人，也愧做一个故乡人子，更是对故乡宝贵的民间文化遗产的失职。从此，他便利用下乡的机会，处处留心，先后走访了太子、海口、潘桥、东源等区乡的二十多名老乐手。苍天不负苦心人。在采访中，他先后搜集到五个《祀稷锣鼓》的手抄工尺谱本，但他发现，这些本子大都记录零乱，缺章少节。其中太子区樊庄村费友德乐师保存的本子，是他十一岁时起就保存着的，中途又补抄了某些章段，距今又有半个多世纪了，而依照此本已造就了前后五代乐师，计三百多人。但由于乡村乐师符号观念模糊，多数符号欠准确，有些谱点明显带有随意创造。为了早日译出全谱，费杰成只有启发他们一字一句，一个个声部地来演奏、来查对。

　　一九七九年春，他在海口的东湖村，找到了年近九十岁的老乐师胡国祥（艺名"画眉鸟"）老人。奇迹就这么出现了：费杰成为音乐师端水端茶，洗衣劈柴。精诚所至，金石为开。老乐师竟然回光返照似的苏醒了他的久远的记忆。他抱病背诵了这套大型锣鼓套曲的全四十九支曲牌名称和工尺谱点，从而全部证实了整个套曲的曲牌、演奏、分布以及历史沿革等情况，同时为费杰成后来参照旁系艺人的传唱结构，对其进行艺术上和民俗上的全面考察、分析和研究，提供了真实可信的原始依据。

一套凝聚着新老几代艺人心血的大型锣鼓套曲，终于重见天日了。收到样书的当天，老费一个人悄悄地离开文化馆下乡去了。他是去——拜见那些相濡以沫的老艺人去了。在明道宗、"画眉鸟"几位老艺人的坟前，他默默地坐了很久很久。

端午送扇

我岳母的老家，是一个名叫大王殿的村子。端午节快到的时候，妻满面春风地买回一大篮子肉、酒和点心，说是要带我去她外婆外公的那个村子"上个门儿"。让我不解的是，篮子上面还放着许多各式各样的扇子，足足有二十来把吧。

"这是要干什么？乡下扇子难买吗？"我好奇地问。"亏你还是在文化馆工作的！"妻用瞧不起的口吻说道，"这就是文化，懂吗？"原来，这是幕阜山区的一种乡村习俗。端午送扇，取的是一种吉利，叫作"送和善"。外公外婆，要送那种拙朴的大蒲扇；舅爷舅娘，要送时尚一点的折扇；小伢和细妹子们，要送那种小巧秀美的鹅毛扇或檀香扇。这样大家就可以一起"事事和善"。

走在端午时节的山村公路上，果然能看见不时走过的挑着端午礼品去走亲戚的人。我看到，他们挑着的装稻米的箩筐，提着的篮子上面，无一例外都放着很多的蒲扇和团扇。当地甚至一到端午前后，各种扇子供不应求，价格见长。

后来读《彭德怀自述》一书，我看到了这位出身农家而又着尽了铁衣的共和国开国元勋，回忆到一九二九年的革命历程时，写下了这样一段："……进至阳新县龙燕区，该地群众对红军的热爱，比平江群众有过之而无不及。外地红军到达该区，均不愿离开。群众对伤病人员之照顾，真是无微不至。沿途欢迎红军之口号声、歌声、锣鼓声，响彻云霄。当年天旱，苦久不雨。可是红军路过，茶水满布，宿营用水煮饭，亦不感困难。妇女老小，人手一扇，站立道侧，替红军扇凉。到宿营地时，房屋打扫得干干净净，开好铺，他们自己露宿，决不让红军露营。在营地终日歌声、口号声不绝于耳。不间断的宣传鼓动，对敌军一层又一层地警戒，封锁消息，保护红军。粮食缺乏，农民将自己仅有的一点粮食、薯丝、玉米、稻米，自动地送到各部门口，倒在桶里就走了……"

读着这段凝结着一位开国老帅的充满感激之情的回忆，我感到，这是英雄的龙港人民用自己的实际行动，在中国革命的史诗中写下的一阕无言的华章。鄂南的酷暑是有名的，而当地的人民却妇孺老幼、人手一扇，站在路边为红军队伍执扇扇凉。这已是远非一般意义的鱼水情意所能概括。相比之下，孟子所称道的"箪食壶浆，以迎王师"，也就显得过于遥远了。

一肩担尽古今愁

清代诗人袁枚有一联诗句，我很喜欢："两脚踢翻尘世路，一肩担尽古今愁。"漫画家丰子恺先生曾以"一肩担尽古今愁"为题目,画过好几幅漫画名作。其中有一幅画的一个中年男子,挑着一担简易的行李,在暮色苍茫的古道上独自行走……前路茫茫,这个看上去生活窘迫、孤独无助、风里来雨里去的男子,仍然肩挑着累人的岁月,继续往前走着,仿佛要把那茫茫的、崎岖的世路走穿一样。

每次看到这幅漫画,我就会想到我认识的一个小伞匠。我刚到幕阜山区的时候,那里的一切对我这个在北方长大的人来说,都是新鲜和陌生的。那时有些农场里还有最后一批尚未返城的知识青年,我曾经跟着那几个知青到山中挖过粗大的竹笋,那是我平生第一次见到真正的竹笋,真有点像少年时读过的童话里的大竹笋一样。挖竹笋那天下着大雨,我们每人撑着一把硕大的黄色油纸伞,那也是我第一次看见和使用油纸伞。因为此前在山东胶东老家,既没有见过竹笋生长,也从来没有用过雨伞。江南多雨且有竹笋生长,我是在初到幕阜山区的那个春天,第一次感受到和亲眼见过的。而那个小伞匠,是我刚毕业那年,在兴国镇中学教书时,曾经教过的一个失学的少年。

那年他刚刚初中毕业,因为阿母长年生病,家里生活十分贫困,只好失学回家,帮助他阿爷干活去了。我们很想帮助他重新返回校园,可是,他年迈的阿爷已经将自己挑了大半生的、一副修理雨伞的担子,郑重地交给了他。在那多雨的山岭间,这个少年成了一个小伞匠。小小少年挑着这副沉重的担子,风里来雨里去,踏上了父辈没有走完的山路,就像丰子恺笔下的那幅《一肩担尽古今愁》里的男子一样,早晨出门,日暮时分再挑着简易的修伞担子,沿着弯曲的山路回家,仿佛要把那茫茫的、崎岖的世路走穿一样。

　　有一次,我在一个浮屠镇的街道边碰到了他。那时他已经有了两年的修伞工龄了。见到我,他显得有些羞愧的样子。实际上,真正应该感到羞愧的是我,是我们这些成年人——我们应该为自己没有保护好这个孩子,没能让他过上应该过的学生生活而感到羞愧。他告诉我说,两年来他几乎走遍了这一带的村村镇镇,这里的人们很需要他,有些人想买什么雨伞,还专门找他当"参谋"。他还说,他正在这一带做着秘密的"跟踪服务"。他偶尔也会挑着修伞担子,转到自己偏远的母校来,为学校的老师们免费修伞。老师们当然执意要付给他修理费,可是他也很固执地推辞了。他说,这是他这个不争气的学生对母校唯一的报答了。他的话深深感动着我,让我觉得更加惭愧。我当时就想,这哪里是我们的孩子"不争气"呢?这是我们这些成年人,是我们这个社会,对不起这个自尊和自强的孩子啊!

　　我从心底里感谢和敬佩这个小小少年。他对生活现实的那份真诚,那种乐观的接纳的心态,还有他对自己平凡的劳动的热爱,是我身边的许多人所不具备的。生活就是这样,要紧的是敢于乐观地接纳面临的现实,然后用一种自强不息的心态去改变它。

　　有一个夏日,我从宏卿乡回县城的时候,又遇见了他。这个从风雨中走来的少年,一边坐在路边为我修补雨伞,一边告诉我说,他这两年,悄悄地积累了许多关于雨伞的知识,他平常也喜欢记录下一些修伞的笔记,就像在课堂上认真地做笔记一样。这当然是他阿爷这个老伞匠始料未及的。他告诉我说，雨伞当初都不叫"雨伞"，而是叫"阳伞"，起源于荷兰语，是"遮挡阳光"的意思。古时候无论东方和西方，伞都被视为王权的象征，专为君王遮日挡雨。现在却不论富贵贫贱，人人都能享受伞的妙处了。他还知道，世界上最早的一把折叠伞，是一个英国人发明的；他甚至还告诉我说，法国大文豪巴尔扎克很不喜欢雨伞，称它是"拐杖和四轮敞篷马车的混合物"。从他那里，我第一次知道了这些关于雨伞的有趣的知识。

我鼓励他说：你懂得这么多，做得这么专业，也许将来你可以写一本《雨伞的故事》或者《雨伞知识大全》什么的。他浅浅地、腼腆一笑说："这我可从来没有想到过。老师不如您来写吧？""这个我就更外行了。"我赶紧摆摆手说。我问他，有没有读过诗人艾青的一首写雨伞的诗？他摇了摇头。我说，等下次再遇见你，我一定把那首诗抄给你，那是诗人赞美你的！他感激地又是一笑，留给我的，仍然是他挑着沉甸甸的担子慢慢远去、"一肩担尽古今愁"的小小背影。

他远去的时候，山道上又下起了骤雨。我知道，在他的面前，有漫长的、风雨中和阳光下的山路在等着他。我祝愿他一路平安。诗人艾青关于雨伞的最后两句诗是这样写的："雨天，不让大家衣服淋湿/晴天，我是大家头上的云。"我这样想着的时候，夏日的骤雨一阵子就过去了。这乡间的天空瞬间又重归晴朗了。

文化站长

我在枫林一带搜集民歌和故事的日子，多半住在文化站长老刘家里。老刘名叫刘耀煌，所谓"枫林文化站"，当时就设在他家的小院里。院子里有好几棵高大的柿子树。我第一次去时是在深秋，柿子已经熟了。老刘亲自爬上树，去摘下了一篮子带着粉霜的柿子，招待我这个"文化干部"。

老刘是个很能干的文化站长，他把枫林的乡村文化活动搞得热火朝天的。他们这里从一九六四年起，就有了文艺宣传队，后来又变成了采茶戏小剧团。最红火的时候宣传队有三十五人，前后进出的队员多达一百三十人，都是不脱离生产岗位的当地农民。他们排的第一出小戏名叫《革新凯歌》，是以冯家塝的一个生产队长为人物原型的，由一位文化辅导员郑爱群执笔创作。刘耀煌给我看他们自己刻写蜡纸和油印出来的小戏本，让我帮助修改了一些他觉得比较拖沓的地方。他们给我的小戏本里，还有《红松店》《机械迷》《亲家母赶鸡》等。

老刘从一九六六年起，一直担任枫林宣传队的队长。八个样板戏，老刘都会唱能演。他告诉我说，一九七一年，他带着全本《红灯记》参加县里的汇演，获得了第一名。次年，枫林文化站创作编排的《一升黄豆》和《芝麻丰收舞》节目，还参加了全省的调演，当时的湖北艺术学院还专门邀请他们这个小剧团去演了一场。他还告诉我说，省文化局的陈先祥、省试验歌剧团的李娟娟等老师，都到过枫林坡山，指导排演他们参加调演的节目。"你现在住的那间屋，陈先祥老师来时也住在这里。陈老师真是个好同志,舞也跳得好,文章也写得好……"我知道,陈老师是全国著名的戏剧评论家,担任过省里戏剧界的领导,能在她住过的屋子里住上一些时,我真是有幸啊!

我到文化馆后不久,就接受了一个重大的民间文化搜集整理工程。当时,从国家文化部到各省市文化馆、民间文艺家协会,一直到县文化馆、乡镇文化站,都在搞民间故事、民歌、民间谚语的普查、搜集和整理,正式的名称叫"中国民间文化三大集成工程"。我负责的项目是《中国民歌集成·湖北卷·阳新分册》的搜集、整理和编辑工作。我住在刘耀煌家的那段日子里,他召集来附近各村的许多老艺人,给我唱民歌、小调和叙事诗,我一边录音,一边用文字记录下来。老刘在一边整理他挖掘出来的枫林民间板凳龙舞蹈《枫林车灯》。他自己在院子里亲手制作"板凳龙",有时喊我过来给他打打"下手"。

可惜的是,在我离开县文化馆的前一年,老刘患了不治之症,一病不起,过早地离开了人世。他患病的时候,我去枫林看他,他说,家里拿不出半块钱给他买药了,给县里文化局写过几次信,希望能解决一点医疗费,可是迟迟没有结果,他等不到了。"小徐,你是大学生,又好学上进,我估量着,县文化馆这个庙太小了,留不住你的。可惜的是,我看不到那一天了……"说着,他的眼角里流出了大颗大颗的泪水。我紧紧地抓住老刘的手,不知道说什么好。老刘是一位吹拉弹唱样样在行的民间文艺家。他的英年早逝,让我很是悲痛了一些日子。我很敬佩和怀念这位文化站长,曾为他写过悼念的诗歌。现在,他家院子里的那些柿子树,恐怕早就没有了吧?

挖地鼓

　　肥美的黄土地上，野草苦菜也使我们甘之如饴。当我第一次听到那响彻在天地间的安塞腰鼓声时，这如饴的甘甜也融在我的心里。安塞腰鼓，仿佛是黄土地上的一种奇迹，在温良醇厚的民间鼓乐中，以少见的刚勇腾踏而来。而在鄂南山区，我领略和体验了另一种古老质朴的劝田鼓乐——"挖地鼓"。

　　挖地鼓是一种歌、舞、乐三位一体的田歌。宋代阳新籍诗人方立经有诗记曰："土鼓无腔信手挝，齐驱秧马下污邪。相逢过客呼同饮，麦酒新成不用赊。"诗中生动地描述了麦收过后插田时节，农人们耕于阡陌、携鼓酣歌、歌咏风调雨顺的农事景象。

　　我站在幕阜山中漠漠的水田之上。这是江南的春天、一片片轻盈的云彩像锡纸一样发光。野雉横飞，香樟树在道道山口向远处张望。水车像巨大的轮子在转动。我在老乡们亲切的招呼声中走到了他们的中间。我不是过客，我觉得我本来就应该是他们当中的一个。

　　活路开始。村中一位年长善歌又精通农事的老爹，被拥戴为歌师的，首先击鼓召唤，率先引唱。这叫"冷鼓"，鼓牌名叫"拜地神"。鼓声含有对神灵的祈求之意，也有率众同结一心、大干一场的信心豪情。然后所有的插秧手一字摆开，放声相和。歌师边唱边进，秧手边唱边插边退。我竖耳追踪着这古老的歌声："东山烧火北山言（哟嘿嗬），海水烧茶不着盐（哟嘿嗬）。关公磨刀不用水（哟嘿嗬），好牛好马不用鞭（哟嘿嗬）……"

鼓声一阵紧似一阵。一番鼓与冷鼓紧密相接，节奏稳健。鼓牌"落田响"。落田水响，预示吉祥。然后二番鼓"蛤蟆嘴"，三番鼓"赶王鹰"，四番鼓"野鸡过畈"，五番鼓"鸡啄米"是这套曲的高潮，大有鼓声轰隆、乌云压顶、赶忙催步、紧手插秧之势。为密集的鼓点激起的众插秧手们哟嗨声动，动作真的如鸡啄米一般。然后是六番鼓"五龙盘珠"，情绪变为徐缓，仿佛乌云雷雨之后，活路过半，胜利在望，可以抒一抒柔情了。七番鼓"百鸟归林"，又叫收工鼓，吆喝速度进入最后的极限，戛然而止。整个活路完毕。这时候，直起腰来长舒一口气，但见片片青禾伸展出去，宛如绣织一样。

我也跟随着戛然而止的鼓乐直起腰来，双腿满是泥水。但我感到一种从来未有的欢乐。年老的挖地鼓歌师捋着胡子告诉我说：这挖地鼓是"神鼓"，它是土地神所赐，五更星所辖。每天太阳将出、黎明将至，村里人会击鼓迎旦，祈求一天的风调雨顺和村民的安乐大吉。不信你看这鼓状椭长如胆，击鼓也能使庶民胆量如虎、驱避百邪哪！我怀着一种敬畏的心理，抚摸着这通体透亮的神鼓，抚摸着它两端的麂皮、鼓梆的朱漆，以及布满龙凤呈祥的雕花。我想告诉老歌师，真正能够击响这麂皮神鼓的人，只有我们自己。我们身边有许多精神萎靡的人，此刻也是多么需要这振奋人心的鼓音的警醒和激励。

二〇一四年三月陆续整理
二〇一五年八月五日定稿于武昌梨园

万壑松风入梦来
——水墨画家丁竹君印象记

无论是以魏晋时代"竹林七贤"的标准去衡量，还是用现代社会"白领小资"们的眼光来看待，丁竹君先生大概都可以称得上是一个"美男子"了。一米八几的身材，胸背笔直，看上去伟岸而又挺拔；一头如同贝多芬的火焰般的头发，虽然也已变得灰白，却还那么丰茂苗壮，既透露出这个人曾经有过的深重的沧桑，同时也在显示着他旺盛过人的精力。

记得温源宁先生描写四十来岁的胡适之：一双坦率的大眼，两片灵活的嘴唇，显得能言善辩，且面色红润，前额宽阔，跟奥古斯都大帝似的。如果把温源宁的这几句描写借来用在丁竹君身上，倒也是既恰当又省事的。没有错，丁竹君也有一副奥古斯都大帝似的脸膛。

和竹君在一起，听他谈笑时发出的声音，也总让我想起《诗经》里的话："鹤鸣于九皋，声闻于天。"或许就因为他是一位山水画家吧，千山烟雨、万壑松风，赋予了他异于常人的肺活量，使他说起话来，尤其是开怀大笑的时候，其朗朗之声颇具感染力，颇有几分浑厚华滋、独啸天籁的气势。

有一年春天，杜鹃花盛开的时节，曾应诗人和历史小说家熊召政邀约，与画家丁竹君、孔奇，文学编辑熊唤军诸友人一起，到召政兄的故乡英山县吴家山国家森林公园小住数日。其间乐山乐水，听风听雨，月下谈诗，林下论艺，使人犹似进入唐宋文人那"客子光阴诗卷里，杏花消息雨声中"的境界之中。而在这几天里，我也充分领略了丁竹君的云水襟怀和无拘无束的笑声。那是一位久居闹市的艺术家回到了他所钟爱的山水中间，一位曾经是风雨旷野上的牧童重新回归到了大自然的怀抱之后，所发出的开怀大笑和尽情的吐纳。其朗朗笑声和阵阵回音，遐迩可闻，真可以用得上"穿林打叶""响遏飞瀑"这等词汇了。

据说，不少画家都善饮。但像竹君兄这样的酒量和豪气，却也少见。余光中先生有诗："酒入豪肠，七分酿成了月光／余下的三分啸成剑气／绣口一吐就半个盛唐"，不仅是在写李太白，大约也是在写如丁竹君这样的酒中豪杰。仅举一例为证：有一次画展，身为湖北美术馆馆长的丁竹君是开幕酒会主持人。宴会开始后，他先是起身给同桌的每一个人各敬了一杯，然后拎起满满的一瓶酒说："对不起，我先去那边敬一敬。"然而,才三桌不到,瓶子就见底了。嘻嘻哈哈地回来拎起一瓶,又"出征"了。不一会儿,第二瓶白酒也见底了。于是又大笑着回来抓起第三瓶走了……可以想象,竹君兄一仰头就饮下三山五岳的风、雨、雷、电的样子,真有如召政所赞赏的"挟泰山以超北海,舍我其谁"的豪气。或许,正是先在胸怀里拥有了这等豪气,然后才有了他山水画里那一派墨舞山原、翠湿丛林的浪漫气象。

"请放心,一切尽在掌控之中。"这是竹君常常挂在嘴边的一句话。无论是在酒席上,在开车的时候,在处理生活中的杂事时,还是在他构思作品、临纸泼墨之时。这里面带着几分自信,也显示着他粗中有细、豪爽中又有节制的性格。也如他的画风,雄浑里带有思致,苍古中亦见秀润。

风格即人。他不刻意去追求草木枝节和山川片石的形似,却能独标心中万丘千壑的意象、气度与风姿。他以墨气淋漓的笔力,挥写和渲染出了他心目中的山河岁月的凝重与苍茫、凌厉与峭拔,其中也不乏长锋细绘的丰美、细致和灿烂。

二十世纪的中国,曾经使丁竹君这一代青年艺术家蒙受了极其艰辛和曲折的精神遭遇:少年时代的动乱与早熟,青年时代的热血、激情和理想主义,以及中年时代灵魂的救赎与自救的煎熬。七十年代里,命运曾经驱赶着他,跟随父母亲下放到了荒凉和寂寞的山村。正当接受知识和艺术训练的最好的年华,他却必须用稚嫩的肩膀和双手,去证明"劳动创造世界"的道理。他年轻的心在憧憬着未来,但眼前却是像土地和山岩一样结实和粗砺的生活。他的年龄应该还不太能懂得,他面临的物质生活和精神生活是怎样的贫乏和荒凉,但他必须面对和完成这样的青春。然而就是在这样荒凉的乡野和贫瘠的年代,他开始做起了自己的画家之梦。

他在收工之余、熄灯之后,阅读着能够寻找来的每一本书,无论它们是文学、画册还是哲学。他利用每一张得到的纸片,画啊写啊。他最早的"书法作品"和"美术作品",一次次出现在下乡时的黑板报、墙报和蜡纸刻写的油印小报上,那是他最早的"大地画稿"。在那些年月里,他还学会了做木工活、各类灯箱工艺装潢、幻灯片制作等"手艺"。

朱学勤先生曾经"贴出启事",寻找七十年代里他们这一代人中的那些散落在乡村、荒野和码头、车间里的"思想史上的失踪者"。我想,丁竹君也是这些人中的一个。他坐在被人遗忘的山冈上观察日出和月落,就像冬天里一只孤独的鸟,拣尽寒枝不肯栖,而在那里瞻望春天。果然,当八十年代挟着天边隐隐滚动着的巨雷之声到来的时候,丁竹君和他的同龄人,或拉着板车、或扛着角铁、或挑着做木工用的工具箱子……纷纷从乡村回到了城市,从田野回到了课堂。

他凭着自学的书法和美术基础,考入了湖北美术学院国画系。从此,艺术的殿堂向他敞开了大门。风雨旷野上的牧童,在春天被召唤回了艺术女神的身边。

千山烟雨，万壑松风。他仿佛在用自己全部的山水画，回应和解释自己所经历的将近五十年的生活的重量。就像米兰·昆德拉所说的，"我们注定是扎根于前半生的一代人，即使后半生可能仍然充满了强烈的和令人感动的经历。"他用心、用力地去画他心目中的无尽的山川、无言的日月和无边的丛林，因为只有这样，他才有可能在一种悠远空阔的宏大叙事中，安置自己的心灵，抵达生命最辽阔的境界。

笔尖寒树瘦，墨淡野云轻
—— 观宁文写意画随记

唐代施肩吾《观吴偃画松》诗云："君有绝艺终身宝，方寸巧心通万造。忽然写出涧底松，笔下看看一枝老。"

看到宁文君的写意水墨画，不禁想到施肩吾的这首诗。

以前只知道宁文君是能画上几笔的，且正式拜过师、学过艺，却从没见过他画成什么样子。

倒是近些年来，不时地看到一些人的"鬼画符"似的所谓画和字，大摇大摆，招摇过市。稍微有点常识的，一眼就能看到其稚弱枝桠、囫囵荒率、暴殄天物、污人眼目的丑态，奇怪的是这些人竟然不知藏拙，还自矜为"创作"。于是，丑字怪字、丑画陋画，竟然也能堂而皇之地展出，而且也敢"装裱起来送人",甚至参加拍卖会。真是林子大了,什么鸟都有。

美术美术,我认为只要称得上画的,有一个最基本的前提,就是看上去要"美"。

宁文君的写意画,都是"美"的,而且还有淡远的古意。

他的画多以水墨浓淡来衬托意境和韵味。偶尔也用一点点丙烯颜色吧?来点染诸如秋山上的红叶、秋果之类,看上去都很美。

即便是寥寥数笔,或曰"逸笔草草"的即兴小画,也是意到笔到,有一种淡淡的诗意之美。

例如那幅《疏林夕照》,就那么疏淡的几笔,却画出了一种疏林临风向晚、夕照静默无语的意境,颇有几缕"笔尖寒树瘦,墨淡野云轻"的艺术韵味。

再如由方成先生题名的那幅《山村秋意》,如果不看饭牛(田原)先生的题字,我还真看不出这是一幅"废品"。饭牛题字说:"宁文云此幅乃废品也,方成一题则化腐朽为神奇矣。"

宁文画画,自谦为"好玩"。比如他的一些画上,有诸如流沙河、马得、丁芒、忆明珠、方成、饭牛等名家的或庄或谐的题跋,这很难得,也确乎"好玩"。然而,即便没有这些名家题跋,宁文的画,也完全可以绿衫野屋、脱巾独步。

例如像《北海群峰》《万壑松风》这样的"大画",就不仅仅是"好玩"了,实在也让我有"惊艳"之感。这样的画,已经很有点"海之波澜、山之嶙峋"的大气象和"专业精神"了。

中国山水画，据说是自元四家出，润以气韵之后，才具有了"文人画"的风格。宁文君写意画，画的也是胸中逸气、心中情趣。朴存老人说，画山水贵有"神韵"。宁文的画也美在"写意"。

二〇一五年初冬，武昌梨园

冷静与炽热

　　诗人马拉美站在高更的塔希提作品面前，发出过这样的感叹："一个人竟然能在如此的光辉灿烂里投入如此的神秘感，着实使人惊讶。"他进而更加坚信了自己那个一贯的观点：所有真正的音乐诗篇，都无须歌词。而画家高更却在一旁沉默不语。倒不是他不在意诗人的惊叹，不，他那一刻想到的是：你们哪里知道，我是奋斗了十五年，才逐渐从学院的影响、公式和规范的困惑中挣脱出来……"一切，都在我的灵魂和构图里忧伤地歌唱着。"他说。
　　面对孔奇先生近几年来的一系列新作，尤其是站在他总题为《自然·空间》的系列作品面前那一瞬间，我很自然地想到马拉美站在高更画前那种被击中的感受，以及他对高更发出的惊叹。在孔奇的画幅上，在那些姿态的韵律里和怪异的静止中，在那些梦幻般的线条、色彩和人物的动作与眼神里，甚至在一种深不可解的谜语般错综复杂的表面，也正在发散着某些无以名之的严肃和神圣的东西。我知道，这是一个艺术家的生命、灵魂和心智所放射的光芒。它们在折射着、传承着一些厚重的传统的东西，同时也在显示着一种艺术上的挣脱与飞跃，一种全新的"奥伏赫变"。

时间有着如此的重量。从一九八〇年在第二届全国青年美展上第一次看到孔奇的作品到现在，时光已经逝去了三十多年。从青春时代开始，孔奇和他们这一代艺术家们，都有着如此沉重和曲折的精神经历：从思想解放运动到西方现代主义思潮的全面涌入；从文化断裂到艺术复兴；从改革开放到各种前卫艺术的多元并存；从经济转轨到文化转型……整个国家和民族潮起潮落的命运和风风雨雨的历程，都在这一代人的心灵中投下了最深刻和最沉重的影像。孔奇的人生和艺术轨迹，也在这样的历程中得以呈现。他没有用别的，而只用自己的一幅幅作品，在向艺术女神证明：他是她温柔而伤感的目光里的最后一个回家者，最后一个恋人，最后的一个春天，甚至最后的一场雪。

孔奇早期的作品里，有着恬美和温润的江南牧歌风格，那是他单纯、明净的青春抒情诗。然而，艺术史即心灵史，艺术家的每一幅作品也都是旅程。像许多勤奋和睿智的艺术家一样，孔奇并没有陶醉在青春的恬美与温润之中。他先后在武汉工业大学、湖北美院和中央美术学院里，经过了严格的专业训练，以及来自传统与现代的双重的艺术熏染。他师出名门，幸运地得到过多位艺术大师的指导和点化。随着入世渐深和艺术视野的开阔，他的思想与创造的空间也渐次打开，画风一步步由恬淡走向深刻，从抒情的调子而进入哲学般凝重与抽象的状态。他所要歌唱和表现的，正是使他倍受折磨的东西。在别人也许是快乐的事情，在他却成了痛苦。所有严肃的艺术家所崇拜的艺术与美，以及抵达艺术与美的本质的必由之路，在一位艺术家身上留下了如此深刻的印记。

"不管世道变得多么光怪陆离，我都能像我父母那样，站在自己该站的那个点上，用自己的良知和智慧去关注芸芸众生、大千世界。"他说。他最终没有成为思想史和艺术创造世界里的迷失者和失踪者。命运迫使他去说出生命的重量和质量。他仿佛在用自己的艺术实践，回应和解释诗人里尔克的那个沉重的命题。在热情与冷静之间，深隐在他心灵深处的，是他对人类命运的悲悯与思考，以及对生活和生命的热情与眷恋。

他以自己独特的方式实验和探索着，最终实现着一种灵魂、心智与感觉的结合。我们看他的《人体系列》和《自然·空间》系列，也许会惊讶于他线条上的"游移"、色彩上的"飘忽"与绘画意义的"不确定性"，但那或许正是对我们在理解力之外是否还具备另外一些"感应力"的测试，或者说，那本来就是画家的生命与灵魂在宣纸上颤动与奔突的结果。

艺术史上，能将形体和灵魂提升至生命和纯意念那种崇高境界的人，总是少数的。德劳内在写给康定斯基的信上说到他对色彩的理解："我始终期待在我所发现的法则里找到更大的弹性。这些法则是建立在色彩透明度的研究上，而这和音符间的相似性让我发现了'色彩的运动'。这些——我相信还没有人知道——一直深藏在我心中的眼睛里。"在孔奇的画幅上，显然也呈示着这么一种色彩上的运动与弹性。抽象的线条与符号，带着强烈的主观意味的赭红、土黄、灰紫与浅绿，都无法遮蔽人与自然的依存关系，以及大千世界中的一种永恒的生命状态。这里面有一种"内含的真实性"。而要进入孔奇所表现的这种真实性——进入他所创造的这个艺术空间，除了感情，还需要一种能够洞察画家隐秘意念的"感应力"。譬如我看他那幅《甜蜜时光》，一开始时就觉得十分费解。然而心智的折磨却渐渐送来一种逼真的视觉偏差，使我最终感到那种若无若有的灰紫色竟是那么真实、美丽和富于表现力。

孔奇的新作里有好几幅是表现"母与子"这个主题的。他的"人体系列"更是以女性的身体为主要表现对象。这是他心目中的"天爱"。从那些飘忽和颤动的美丽线条里，我感到了一个严肃的艺术家对于美、对于爱、对于生命的虔诚与膜拜。这些作品里传达出一些圣洁和庄严的东西，给人一种震撼，并进而产生对生命、对艺术的敬畏感。我想，这无疑就是艺术的力量了。

作为一位风格独具的画家，孔奇的作品呈现着一种相当成熟和从容的风度。但画家本人，在更多的时候却总是沉默着。

沉默，也是一种聆听。国际著名艺术家陈瑞献曾赞美孔奇这种天性中的低调与沉默是"最深一层的聆听"。我想，他肯定不是在聆听世人对他的评价和言说，而是在聆听来自生命和灵魂深处的召唤。他在沉默中聆听命运。

身同云虚无,心与溪清澄

哲学家贺麟先生为西哲斯宾诺莎所撰"像赞"曰:"宁静淡泊,持躬卑谦。道弥六合,气凌云汉。神游太虚,心究自然。辨析情意,如治点线。精察性理,揭示本源。知人而悯人,知天而爱天。贯神人而一物我,超时空而齐后先。与造物俦,与天地参。先生之学,亦诗亦哲;先生之品,亦圣亦仙。"此等亦诗亦哲、亦圣亦仙的崇高境界,真是令人高山仰止,心驰神往。

观《行云流水——印严禅意书画作品集》,不由得想起这段赞语来。这当然不是说,印严画师也已臻于此等境界,而是想说,出现在他画笔下的那些"杉风吹袈裟,石壁悬孤灯"式的高僧释子,那种"诗僧近住不相识,坐听微钟记往年"的行云流水般的静虚画境，也着实让我们领略到了"与造物侔，与天地参"的禅意之美。

印严画师，法号源静，二十七岁时曾礼大禅师本焕上人剃染出世修行，住山、闭关、清修五年之后，代师住持广东大雄禅寺，两年后又住持大姚山德云寺，二〇〇九年秋天脱下袈裟退隐入世，修禅绘画，吟诗作书，弘扬佛教文化艺术。《行云流水》一集，是他近年来创作的禅意书画作品选编，收禅意画作八十余幅，自创禅诗法书十幅。

我对佛家学问心存敬仰，不敢置喙。记得有人评说弘一法师以及丰子恺先生的字、画与文章，曾用了"佛性即童心"的说法。我觉得印严画师的画、诗和字里，都呈现出一种极其澄净、单纯、安静和忘我的意境，有如甜睡中的婴儿，让人顿生一种不忍心去搅扰、转而想去怜护和礼拜之情。我想，这应该就是印严画师的作品里所闪烁的那种佛性与童心的光芒吧！

他用纯净和清淡的水墨，画出了那么多静穆庄严的高僧，在山中、林下、石前、溪边参禅修行的瞬间；他摘抄出历代禅意诗词中的美妙之作，为之绘出已经悠远的诗意图卷；甚至大自然中的花开花落、草木荣枯，一溪流水、一抹余晖，也被他赋予了淡淡的禅意，让我们看到了什么是和谐与沉着，什么是高古与旷达，什么是冲淡与清正，什么是流动与博雅。你也许不知道这些有名的高僧和无名的释子的任何生平背景，但是这里的每一个人物，都在安静和无声地告诉你，何为人世间的真、善、美，何为人性中的信、达、雅。

唐代皇甫冉有一首禅诗说："释子身心无垢纷，独将衣钵去人群。相思晚望松林寺，唯有钟声出白云。"印严画师的作品里，也抒发着这种况味。熊召政先生在为印严画师书画集所写的序言中，曾举出南宋禅师道济的一首《偶然》："几度西湖独上船，篙师识我不识钱。一声啼鸟破幽寂，正是山横落照边。"观印严画师绘画，我还觉得，能够轻轻唤醒这一个个闭目冥想、沉浸在幽寂之中的人物的，除了鸟啼、钟声，也许还有那随风飘落的满树淡淡的白梅。

《镜中之人》前言

迈克尔·杰克逊在年幼时就已表现出了令人惊异的天赋，与詹姆斯·布朗同台演出时，虽然年纪尚小，但凭借活力四射的舞姿、情真意切的嗓音，这个少年向世人展示了超凡脱俗的演艺天资，也由此点燃了一颗巨星的光焰。这束光焰照亮了他后来的巨星之路。

他的几个兄长同样才华横溢。"杰克逊五人组"（The Jackson 5）因此而大获成功。不过，人们从一开始就有所预见：光焰四射的迈克尔，终有一天会独自翱翔。果然，他在十四岁那年夺得了第一个单曲排行榜冠军。通常，在演艺界，少年偶像如倏忽的流星，瞬间即被超越或替代，童星在成年后便"江郎才尽"的例子并不在少数。但迈克尔·杰克逊却改写了这一惯例，而成为一个艺术奇迹。他的魅力经久不衰，光华灼灼，一如旭日之破晓，新月之初升。

他在一九七九年推出的专辑《疯狂》（*Off The Wall*），预示着一个成熟的歌手开始走向世界。这个专辑封面上的杰克逊身着燕尾服，艺术形象焕然一新，光彩照人，丝毫不亚于他的童星时代。而更加辉煌的成功，是在《颤栗》（*Thriller*）发行期间。这张专辑不仅打破了流行音乐史上的销售纪录，夺得了七项"格莱美奖"，也将流行音乐的电视艺术推向了一个全新的高度。他所独创的太空步、提裆等个人独有的招牌式动作，加上他天籁般的嗓音，直令全球亿万歌迷为之倾倒和疯狂。

然而，命运为他打开了一扇大门，同时也会为他关闭一扇窗户。杰克逊虽然是录音室和舞台上的王者，有着点石成金的本领，但他看似风光的日常生活里，却有许多不尽如人意的地方。当他的一些同龄人开始享受童年生活的时候，他已经忙碌着参与家族乐队的事情了。这对他来说是一种重大的"缺失"和"牺牲"。杰克逊还没来得及享受无忧无虑的童年就已步入了成年世界。他的童年是真正的"消逝的童年"。也许，正是这个原因，他成年后也一直在试图寻找和重建自己童年的梦幻。频繁的整容手术，肤色的转变，都暗示着他耿耿于怀那些童年的幸福感的失落。此外，还有另一些负面的东西不断围绕着他。这些东西成就了小报记者和狗仔队们"娱乐至死"的猎奇心和不负责任的轰动效应。他们津津乐道于他的"离经叛道"，却无视他的人道主义精神和慈善义举，这对迈克尔是多么的不公平!

  值得庆幸的是,在他英年早逝之后,一些媒体总算是"良心发现",及时而公正地调整了关注焦点,重新审视到迈克尔·杰克逊令人叹为观止的表演才华、登峰造极的艺术精神以及他所引领的流行文化。他的挚友伊丽莎白·泰勒在一次访谈中,道出了许多人的心声:"什么是天才?什么是活着的传奇?什么是超级巨星?迈克尔·杰克逊就是这全部的化身。他是世界上最伟大的人物之一!"

  当巨星陨落,天王离去,一个时代也同时宣告了它的终结,世界上再也没有迈克尔·杰克逊了。

  附言:本文系应邀为大型画传《迈克尔·杰克逊:镜中之人》译写的前言。

一万种夜莺的声音

那是多年前的一个秋天,满头金发的达格妮,还是一个刚满八岁的小姑娘。她是一位守林人的女儿,那天正好是她八岁的生日。她挎着小篮子在她家乡卑尔根的森林里采撷鲜花和野果。神奇的挪威西部大森林里,生活着成千上万只善歌的小鸟,鸟儿们的欢叫声,应和着牧童们的叶笛声,还有大森林深处传来的阵阵涛声,组成了一支优美的交响乐。小达格妮仿佛进入了一个神奇的音乐世界,她那颗纯真的梦幻般的童心,也像是一只永远也装不满的小篮子。

在一条幽静的林间小路上,她意外地遇见一个身穿风衣的人在那里散步。从他的衣着和神态看,他是城里来的客人。因为在这片森林里,达格妮从来没有见过这个人。他们很快就认识了，并且成了好朋友。那个人帮她采了一些枞果，还帮她提着沉甸甸的篮子，亲自送她回家。当他要和小姑娘分手时，他有点恋恋不舍了。他微笑着对达格妮说："很高兴能认识你，我亲爱的孩子。可是，真糟糕，我两手空空，没有生日礼物可以送给你。你看，我口袋里连一根小小的丝带也没有，更不要说会唱歌的小娃娃了！"不过，他仍然答应要送给可爱的达格妮一件礼物，"但不是现在，大约要到十年以后，好吗？"小达格妮迷惘而又充满感激地点了点头。

时光匆匆地流逝，卑尔根的秋天来了又去了。每当小姑娘再到林子里采摘野果时，她就又会想起那天的奇遇，会在心里悄悄地期盼着那个陌生的城里人所应诺的那件"礼物"。又过了几年，小姑娘长大了，她仿佛已经明白过来，在心里说道："那位先生要送我一件很好的礼物，而且在十年以后。十年，太漫长了！就算他有这个心思，可他怎样才能找到我、认出我来，把礼物送到我的手上呢？"她觉得，这不过是那个人和她开的一个玩笑。渐渐地，这件事在她的心中淡漠了。

现在，达格妮已经是一位十八岁的少女了。这个美丽的守林人的女儿，第一次离开了自己的家乡，来到了挪威的首都奥斯陆，并且第一次走进一个正在举行露天音乐会的公园里。公园里的菩提树间挂满了彩灯，庄严而华丽的音乐舞台上，飘来音乐的美妙旋律。突然，她的全身一阵惊颤，忽地从草地上站了起来，几乎不相信自己的耳朵！因为舞台上的报幕员分明正在向观众报告："下一个节目，是我们的音乐大师爱德华·格里格最得意的作品：《达格妮之歌》——献给卑尔根守林人哈格勒普·彼得逊的女儿达格妮·彼得逊,当她十八岁的时候……"

"天哪!这是怎么一回事?这位音乐家怎么会知道我和我父亲的名字呢?"起初,达格妮由于惊奇、激动和迷惑不解,无法静听音乐的旋律。渐渐地,她听清楚了,那是只有家乡的大森林里才有的熟悉的风声、鸟声和笛声了。听着,听着,她流泪了!——十年前的那个秋天,在家乡的大森林里,那个陌生的城里人的神态和模样,都清晰地呈现在她的眼前,宛如昨天。

是的,达格妮现在终于明白了,十年前遇到的那个和气的、穿着风衣的城里人,就是今天正在舞台上指挥着乐队演奏自己的作品的爱德华·格里格先生!而这首乐曲,便是他当年所应诺的那个生日礼物了——而且是用了这种奇妙赠送方式啊!那时候他大概就相信,总有一天,这个小姑娘会长大的,而他的音乐,也将传遍整个挪威。因此,无论她在哪里,都会听到和收到这份礼物的!是的,他相信。乐曲还在继续演奏,夜风吹拂着格里格灰白的头发。这时候,滚烫的泪水在少女的脸上流淌。她竭力抑制住呜咽,弯下身子,把脸颊埋在双手里。她能埋住自己的脸庞,却抑制不住内心的幸福、感激与激动……

罗曼·罗兰在《贝多芬传》里写过一句话:贝多芬的生命虽然结束了,但他在人间的传说却从此开始。肖复兴在《音乐漂流瓶》这本书里所写到的那些西方音乐大师的故事,虽然并非全然是出自"传说"与虚构,但是我们从他写到的每一位音乐家的经历中,几乎都可以看到一些神秘和美丽的奇迹的发生。这些音乐家的人生和创作生涯里,无一例外地都充满了迷人的故事性和传奇性。因此,阅读着这本《音乐漂流瓶》,我感觉自己不是在读一些音乐散文,而是在读一篇篇音乐小说。

例如前面我所转述的这个关于挪威音乐家爱德华·格里格的故事,就来自他那篇《达格妮之歌》。许多作家都曾写过这个故事,俄罗斯散文大师巴乌斯托夫斯基也曾以这个故事为蓝本,写过一篇优美的小说《一篮枞果》。但我觉得,肖复兴笔下的这个故事最为感人。因为他在讲述中融进了自己对伟大的音乐的热爱与向往,融进了他对音乐家格里格和少女达格妮的美好心灵的理解与热爱。再如他写马勒和勃拉姆斯在一八九六年夏天的那次会面的那篇《伊施尔浴场》,也是一篇剪裁完美、情感丰沛、故事与主题皆具永恒意味的音乐故事,即是放在世界一流的短篇小说阵容里看,也并不逊色。

肖复兴是中国当代作家里为数不多的几位堪称"骨灰级"的爱乐人之一。他对于西方音乐尤其是西方古典音乐的迷恋与熟稔,对于音乐家生平事迹与种种创作逸事的熟悉程度,都决非一般专业的音乐研究者所能比肩。也因此,他写起这些音乐和音乐家故事来才能如数家珍、左右逢源而滔滔不绝。他写了自己对一些音乐名曲的理解、感受与发现,使这本书具有了西方古典音乐欣赏的"入门书"的作用;他写了自己对众多音乐家独特的童年记忆、成长故事、爱情经历以及同一时代的音乐家之间的交往与友谊的解读、梳理与感悟,挖掘出了那些带有传奇性的音乐故事中所蕴涵的励志意义和美好的爱乐精神;他也写了许多鲜为人知的、可能并不为音乐史家所重视,但是往往能引起传记作家们的兴趣的音乐家创作逸事，它们倒是有助于我们去全方位、多侧面地认识和理解这些音乐天才们的心灵与作品。

从《茶花女柳》那篇里，我们知道了，原来歌剧大师威尔第也不喜欢在喧嚣的城市居住，他像文学家屠格涅夫、乔治·桑一样，也认为"只有在乡村才能写得好"，他甚至一直自称为"庄稼人"。自从一八四八年他在乡间有了一间别墅后，他所有的歌剧名作都是在那里完成的，乡间给了他在城市里绝对无法获得的灵感。而每当完成了一部新作品的时候，他庆祝的方式也十分奇特：他会在花园里栽种下一株新的树苗，每一株树苗品种各异，如《利哥莱托》是悬铃木，《茶花女》是柳树，《游吟诗人》是橡树，《唐卡洛斯》是朴树，《阿依达》是苹果树，《奥赛罗》是梧桐树。晚年的威尔第喜欢在这座乡村花园里散步，那些他亲手栽种下的树木，都已经长得枝叶茂密、树干高大了。他写了多少部歌剧，这里就有多少株树木。他在这些树木下缓缓踱步，如同在检阅列队的士兵。青翠的枝叶间回荡着他所熟悉的一部部作品的旋律。

在《兹罗尼茨的钟声》里，他写到童年时代的德沃夏克，因为家境贫寒，虽然有一颗强烈的爱乐的心，却只能听从父亲的安排，来到兹罗尼茨学习宰杀的手艺。幸运的是，一座教堂的乐长李曼先生看出了小德沃夏克身上的音乐天赋，他想方设法动员和说服了小德沃夏克的父亲，使他终于同意送自己的儿子去布拉格的管风琴学校学习音乐。那一天，李曼先生非常高兴，带着小德沃夏克来到他的教堂里，走到教堂台上的一架管风琴前面，说："再弹一曲吧，孩子，我就是在这里第一次见到你的。"多年以后，德沃夏克已经忘记了自己当时弹奏的是什么曲子了，可是他一直没有忘记，分别那天，李曼先生一直把他送到了兹罗尼茨小镇郊外的大路上。作者写道："那正是黄昏时分，落日像一个火红的大灯笼挂在天边，一点点地垂落，远处传来了悠扬的钟声，那是兹罗尼茨教堂晚祷的钟声，每一声都在他的心中荡漾起清澈的回声。"德沃夏克终其一生都对这位安东尼·李曼先生怀有深深的敬意和感激之情。二十四岁那年，他创作了一部著名的交响乐，曲名即为《兹罗尼茨的钟声》。

类似这样的音乐故事和创作花絮，在这本音乐故事集里正可谓天花乱坠、俯拾即是。对于像我这样的乐盲，或者更多的处在"初级阶段"的音乐爱好者来说，也许正是依靠着这样一些密集的、可以领会的故事细节，我们才获得了涉过音乐之河的舢板，那些神秘的、无限的音乐才有可能变得具体一点或可以琢磨。就像《一万种夜莺》那篇里写到的音乐家梅西安，梦想着记录下一万种夜莺的歌唱，然后为夜莺谱写一支曲子，为夜莺画下一幅肖像一样，我们或许可以通过肖复兴先生这些描写音乐和音乐家的文字，来学会聆听一支支乐曲，来知性地认识一位位音乐家的各自的命运。

再回到那篇《达格妮之歌》上来。当达格妮坐在夜色里的公园里，泪流满面地沉浸在激动和幸福之中的时候，有一个细节——显然是出自后来人的想象，肖复兴没有采用，而在巴乌斯托夫斯基的那篇《一篮枞果》里出现了。达格妮从优美的乐曲里听到了，听到了音乐家对她的深情祝福："亲爱的孩子，你是黎明的曙光,你是最纯洁的生命……"对于十八岁的少女达格妮来说,世间还有什么比这更可珍贵的礼物呢?她最终没有走上前去拜见伟大的音乐家。但这并不重要。重要的是,她觉得有一种她从未有过的热情和信心在心中萌芽了!"生活啊!你听我说:我爱你!我爱你!我爱你!"她面对着布满夜色的世界说。

也就是从这个美丽的黄昏起,她带着这份留在心中的、世间最美丽最珍贵的礼物,也带着她对整个世界的全新的热情、信心和勇气,走上了自己人生的旅途。她同时也在心里说:"衷心地谢谢您,亲爱的大师!让我在将来的、值得回忆的另一个秋天去寻找您,与您相见吧!"

这就是美好的音乐所显示的伟大的力量。这也正是这本《音乐漂流瓶》的字里行间所流荡着的那种美好的励志意义和爱乐精神。

这个世界能变好吗?

"所有的孩子都要长大的",美丽的童话里总是这样告诉孩子们。可是,天真懵懂的小悦悦却没有能够长大。报载,她还只有两岁,还没有弄清楚这是一个什么样的世界,就像一朵小小的花蕾,被这个冷漠的世界无情地揉碎了。

这个小女孩的夭折,绝对不是一个特例。她的死,就像安徒生笔下那个卖火柴的小女孩的死一样,她用自己小小的生命在寒夜里划燃了一小簇火柴,借着这火柴的光亮,我们看到了当下整个社会的冰冷、麻木和晦暗,看到了这个社会的道德缺失、人性沦丧已经到了怎样令人发指的地步!

仅仅谴责那两个卡车司机对生命缺少敬畏,或者痛斥那些路过的行人心地冷漠和没有爱心,也都是不够的。无论怎样谴责他们，他们都不能还给我们一个鲜活的、花蕾一样的生命了。我相信，只要他们的身上还残存着一点点人性，小悦悦的死，就足以让他们从此永远钉在了道德审判的耻辱柱上，一种作为人的羞耻感和自责感，自会咬噬着他们的良知，咬噬着他们麻木和冰冷的心。不，我们应该谴责的是整个社会的道德缺失和人性沦丧。

对于金钱和利益的贪得无厌的攫取，对于权力和物欲的鲜廉寡耻的追逐，对于传统美德和人伦天理的肆无忌惮的漠视，对于生存空间和自然环境的丧心病狂的践踏……难道不是碾死我们无辜的孩子的罪魁祸首吗？我们应该向整个社会、向公民群体、向所有跳动的人心，发出一种呼唤："还我孩子！救救孩子！"否则，小悦悦的今天，就可能是我们另一些孩子的明天。

安全、安康地成长，是每一个孩童的天赋权利。生命的力量，人类的力量，其实就是生长的力量。世界需要所有的孩子长大。只有一代代孩子在成长，我们这个并不那么完美的世界，才有向着相对完美的方向走去的可能。因为，只有一代代孩子长大了，他们才有能力去亲爱、改造和完善这个世界。

保护每一个孩子的生命安全，让每一个弱小无助的孩子都能够平安、健康和幸福地长大，这应该是全社会的永不停止的"圣役"。伸出我们每一个人的双手，给予和帮助那些弱小无助的孩子找到和拥有成长所需要的安全、呵护与关爱，这是我们每一个成年人最神圣的职责。不然，我们就有可能成为孩子成长之初的噩梦、恐惧、阴影和凶手。——写到这里，我突然想到了那位已经远去的智者和怀疑论者梁漱溟先生的一个发问："这个世界还能变好吗？"

小悦悦的夭折，既让我们看到了当下人心的毁弃、天理的坍塌、人性的沦丧，已经是多么的触目惊心，同时，这个事件所带来的全社会的道德恐慌，也足以引起我们每个人的警醒与反思。当然，在小悦悦用小小的生命划出的"火柴的光亮"中，我们也都看到了，毕竟还有一个人，带给了垂危的孩子一点点温暖和爱护，也带给了我们这个社会一点点希望和信心。这个人就是那位生活在社会最底层的拾荒阿姨。这位普通的老人，也像一束小小的火柴，给我们带来了些许温暖和光亮。

无独有偶。就在我牵挂和惋惜着小悦悦的同时，我也看到了另一则消息：四川美术学院讲师何剑的一位朋友，遇到一位和拾荒阿姨一样生活在社会底层的擦皮鞋兼拾荒的名叫钟淑芳的婆婆。婆婆问朋友手中的 iPad 可不可以上网，她想给女儿发张照片，因为在福建打工的女儿很想看看妈妈，说网上可以发照片，但婆婆根本不懂上网，也不知道女儿的电话。当晚，何剑老师把婆婆的愿望发上微博，三天内被转发十万多次。最后，奇迹出现了，七十一岁钟淑芳老人和女儿通了电话……

有了这两位拾荒老人，有了何老师和他的朋友，还有那些转发过那个微博的好心人，我愿意相信，我们这个世界，还是能够变好一点点的。前提是，我们必须一起来努力。每个人，都必须伸出自己温暖的手。

让我慢下来

以前我们常常把"时间就是金钱"作为励志信条，发誓要"与时间赛跑""和岁月拔河"。现在我却渐渐改变了这些观点，而认同了几乎与此相反的一些说法：时间不是金钱，健康才是；有何胜利可言？健康即意味着一切；谁能够真正与时间赛跑？谁能够赛得过永恒的岁月？快与匆忙，只能使我们迷失生命的方向，偏离生命的本质与真谛。

约翰·列侬曾经说过："当我们正在为生活疲于奔命的时候，生活已经离我们而去。"我读到过一则短文《让我慢下来》，写得真好，正是我理想中的，也是我所向往的一种"慢生活"的境界。我曾手抄过好几份，分送给同事。她们都贴在自己的办公桌边，提醒自己，"让我慢下来"。我也曾把这则短文抄录在每年要更换一册的工作札记簿的首页上：

　　让我慢下来。
　　让我用头脑的平静抚平狂跳的心。
　　让时间永恒的信念，平稳我慌乱的脚步。
　　在一天的迷茫中，请赐予我山丘般永恒的宁静。
　　用我记忆中欢唱小溪的美妙音乐，
　　驱走神经和肌肉的紧张。
　　让我每天仰望那高塔般的橡树，
　　明白它们长得又高又壮，
　　是因为它们缓慢而健康地成长。

　　我渴望这样的生活节奏和这样的生存境界。可是现在还无法做到，我还得因为快节奏的工作而放弃自己喜欢的东西。
　　二十多年前，一些意大利人曾经因为抗议在著名的罗马广场纪念碑旁开办麦当劳快餐店，而发起了所谓"慢食运动"，并且成立了"慢食协会"。协会的标志是一只慢吞吞的小蜗牛的形象，借以提醒人们放慢匆忙的脚步，远离流水线上制作的快餐食物，而慢慢地去品味传统手工美食，享受丰盈的生活。
　　"城市的快节奏生活，正在以提高生产力的名义扭曲和伤害我们的生命与环境。我们要从慢慢品味开始，抵抗快餐和快节奏的生活。"这是国际慢餐协会发布的"慢餐宣言"。说得很好。
　　米兰·昆德拉专门有过一本小说，书名就是《慢》。英国散文家吉辛在他的《四季随笔》里，也这样提醒过我们："能够拯救人类免受破坏的大多数好事，都产生于沉思的恬静生活。这个世界一天天变得愈加嘈杂喧嚣，拿我来说，我是不会加入到这日益严重的喧嚣中去的。只要保持缓慢和沉静，我就为大家的福利做出了贡献。"如果人人都能像吉辛这样保持缓慢和沉静，这个世界将少去多少喧嚣、焦虑、忙乱和不安。

　　我还看到过两条微博是这么写的："慢慢地走自己的路，让别人赶飞机去吧。"还有一条是："时间就是金钱——我们的时间，你们的金钱。"说得也很好。波音飞机、提速火车、高速动车……都算不上是奢侈。慢，才是真正的奢侈。

一筐落叶（代后记）

洛扎诺夫写过一册题名为《落叶集》的奇书，书中文字全部由一些零散的随想录和短小的札记片断构成。他把这册《落叶集》的第一、二部又分别命名为第一筐、第二筐。我很喜欢这册散文（实际上它是一部"札记体"的长篇小说），也曾一再产生过欣悦的冲动，想把自己的某一本散文集也命名为《一筐落叶》。在午夜的灯光下，我悉心整理着这些有关阅读和写作的文字。它们是零散、随意和即时性的，有的写在台历的空白页上，有的写在一些干净的纸片上，或者写在我所读过的一些诗集、小说和人物传记的书眉上，但它们都曾带着我当时阅读、写作、幻想与思考时的欣悦、伤感和温情。它们滋育、装饰和充实过我的生活和生命，然后又将从我的生活和生命中消失。就像一片片树叶在午后、在黄昏时分从枝头落下，最终成为一棵树的遥远记忆。我就是这棵树。在午后，在黄昏，当大地的各种声音渐渐微弱下来，我听见了那些沉重的落叶的声音。它们都曾经是我的生命和精神的组成部分，但时间终将使它们，甚至使我变得枯萎。这就是我们全部的宿命。

　　二十多年来，我一直在武昌东湖梨园边居住。这里远离了拥挤的人群和喧闹的市声，接近朴素的乡村景致。这里是我的"瓦尔登湖"。湖畔有一大片高大的枫橡树林，是我每天午后和黄昏时读书与散步的地方。一到秋天，树林里铺满了金色的、红色的和琥珀色的落叶。我的文字就是在萧萧的落叶声中完成的。收集在这册小书里的不少短文，当初在报刊上发表后，我都把它们剪存在一个铁丝编成的文件筐里（像这样的文件筐，不知现在的文具店里是否还有卖的），差不多积攒了满满一筐了。也许当初我就有过心思，要把这些短文单独编辑成一册小书的。近几年来，承蒙《湖北日报》"东湖"文艺副刊主编熊唤军邀约，为我开设了一个说文谈艺的随笔专栏，命名为"艺林散叶"，也是取了"落叶"之意。这个专栏已经写了三年之久，正可谓短文"盈筐"了。

　　二十世纪九十年代里，我曾为恩师徐迟先生编辑过一本短文集，题为《网思想的小鱼》。我也很喜欢这个书名。"小鱼是甘美的"。后来发现英国散文作家的书里就有这句题词。或许，徐迟老师的这个书名就来源于此。英语里还有一个成语曰"Small is beautiful"（小的是美好的），也是我所认同的。当然，用这句话来评说我自己的这些短文，就不一定合适了。

二〇一七年初春，武昌梨园

策 划
宁孜勤

主 编
董宁文

开卷书坊 第二辑

开卷闲话六编	子　聪
我的歌台文坛	宋　词
纸醉书迷	张国功
书林物语	沈　津
条畅小集	严晓星
书虫日记二集	彭国梁
劫后书忆	𮎰斋
寻我旧梦	鲲　西

开卷书坊 第二辑

开卷闲话七编	子　聪
邃谷序评	来新夏
难忘王府井	姜德明
榾柮楼杂稿	扬之水
开卷有缘	桑　农
书虫日记三集	彭国梁
书虫日记四集	彭国梁
笔记	沈胜衣
我来晴好	范笑我
听雪集	许宏泉
旧书的底蕴	韦　泱
旧书陈香	徐　雁

第三辑

开卷闲话八编	子 聪
一些书一些人	子 张
左右左	钟叔河
西窗看花漫笔	李文俊
待漏轩文存	吴奔星
自画像	陈子善
文人	周立民
我之所思	刘绪源
温暖的书缘	徐 鲁
书缘深深深几许	毛乐耕

第四辑

开卷闲话九编	子 聪
文坛逸话	石 湾
渊研楼杂忆	汤炳正
转益多师	陈尚君
退密文存	周退密
回忆中的师友群像	钱伯城
旧日文事	龚明德

第五辑

开卷闲话十编	子 聪
白与黄	张叹凤
拙斋书话	高克勤
雨脚集	止 庵
北京往日抄	谢其章
文人影	谭宗远
云影	吴钧陶
怀土小集	王稼句

第六辑

人在字里行间	子 张
书话点将录	王成玉
人生不满百 —— 朱健九十自述	朱 健 肖 欣
百札馆闲记	张瑞田
夜航船上	徐 鲁
近楼书话	彭国梁